역사에 묻는다
대한민국이 나아갈 길

세계 최빈국에서 세계 중심국가로 우뚝 선 대한민국

역사에 묻는다 대한민국이 나아갈 길

심백강 지음

바른역사

| 차 례 |

역사에 묻는다 대한민국이 나아갈 길 | 서문 _ 6

제1장 한민족은 누구인가

- **한민족이 걸어온 길** – 바이칼에서 백악산白岳山까지 – ············ 20
  1. 한민족의 위대한 역정 _ 20
  2. 한민족이 발해 유역을 무대로 창조한 찬란한 발해문명 _ 23
  3. 황하문명 아닌 발해문명이 중국을 대표하는 문명이다 _ 30
  4. 한반도의 백악산 아래 둥지를 튼 한국의 시대적 과제 _ 32

제2장 국혼을 바로 세우는 정치

- **국부國富를 넘어 국혼國魂의 시대, 국혼이 바로 선 나라를 어떻게 만들 것인가** ·· 38
  1. 머리말 _ 38
  2. 불후의 민족, 영원한 청년의 나라 한국 _ 40
  3. 한국인의 정신, 홍익인간 _ 42
  4. 홍익인간을 현대적으로 표현하면 인류애 _ 43
  5. 인류애에 바탕한 홍익인간이 한국인의 정신임을 뒷받침하는 근거는 무엇인가 _ 45
  6. 촛불과 태극기, 남북 분단은 홍익인간 정신을 잃어버린 결과다 _ 52
  7. 국부를 넘어 국혼이 바로 선 나라를 만들자 _ 53
  8. 국혼이 바로 선 나라를 만들기 위한 9대 제안 _ 55
  9. 맺는 말 _ 74

- 경연經筵 제도 부활하여 대통령 중심제 결함 보완하자 …… 76
    1. 제왕학 교육을 체계적으로 시행하기 위한 동양의 경연제도 _ 76
    2. 중국의 경연제도는 몹시 허술했다 _ 78
    3. 고려 때 경연을 설치한 목적 _ 79
    4. 수업하는 학생의 삶 영위한 조선의 왕들 _ 80
    5. 한양조선 왕조가 500년을 유지한 원동력은 선진적인 경연 제도에 있었다 _ 83
    6. 경연 제도를 부활하여 대통령 중심제의 결함을 보완하자 _ 84

제3장 대한민국 교육의 방향

- 고조선의 홍익인간 정신과 대한민국 교육의 방향 ………… 88
    1. 머리말 _ 88
    2. 환국桓國의 개국이념 홍익인간 _ 90
    3. 홍익인간의 철학을 담은 『천부경』81자 _ 92
    4. 홍익인간을 실천하는 아홉가지 방법론을 설명한 『홍범구주洪範九疇』_ 96
    5. 대한민국의 교육이 나아갈 방향 _ 103
    6. 맺는말 _ 113

제4장 동북공정 대응

- 동북공정은 한국공정이다 ……………………………………… 116
    1. 역사에는 영광과 치욕이 공존한다 _ 116
    2. 한국역사는 치욕의 역사가 지나치게 부각되어 있다 _ 117

3. 사대, 식민사관으로 동북방 발해 유역의 찬란한 역사가 잘려나간
      한국고대사 _ 118
   4. 중국의 동북공정은 발해 유역의 한국고대사를 탈취하려는
      한국공정이다 _ 120

- **중국의 동북공정 어디까지 왔나** ················· 122
   1. 중국의 동북공정 어디까지 왔나 _ 122
   2. 시진핑과 동북공정 _ 123
   3. 역사공정 넘어 문화공정에 박차를 가하는 중국 _ 123
   4. 중화문명 기원 연구 심화를 새삼스럽게 들고나온 시진핑의 숨은 의도 _ 124
   5. 역사문화전쟁을 벌이고 있는 중국 공산당 _ 125
   6. 역사문화전쟁의 중심에 서 있는 한국 _ 126
   7. 총성 없는 전쟁, 슬기롭게 대응해야 _ 127
   8. 대만통일 다음은 한국차례 _ 128

- **중국 공산당의 3차에 걸친 한국 고대사 테러 무엇을
  노리나** ················· 130
   1. 중국 공산당의 3차에 걸친 한국 고대사 테러 _ 130
   2. 역사의식 없는 한국 정부의 안일한 대응 _ 133
   3. 국본을 뒤흔들어도 조용한 한국, 중국은 한국을 얼마나
      만만하게 볼까 _ 134
   4. 중화민족의 위대한 부흥이 현실화된다면 _ 135
   5. 이 엄중한 사태를 우리는 어떻게 대처해야 할 것인가 _ 135

- **21세기 한국의 역사학이 나아갈 방향** ················· 139
   1. 역사의식의 결여가 한국사회 혼란의 근본 원인이다 _ 139
   2. 식민사관을 계승한 국사 교과서를 개정해야 한다 _ 140
   3. 민족사학의 연구성과를 국사 교과서에 반영해야 한다 _ 142

4. 조선총독부 조선사편수회 출신 후계자들이 주도하는 강단사학을
      혁파해야 한다 _ 144
   5. 민족 정통사학이 한국사학을 이끌어 나가는 주체가 돼야 한다 _ 145

제5장 식민사관 청산

● **일제의 식민사관과 그 청산을 위한 방안** ········· 148
   1. 머리에 _ 148
   2. 식민사관이란 무엇인가 _ 151
   3. 광복 80주년 아직도 청산되지 않은 식민사관 _ 152
   4. 우리는 왜 식민사관을 청산해야 하는가 _ 156
   5. 광복 후 식민사관이 청산되지 못한 원인 _ 159
   6. 한국사학의 새 희망 『사고전서四庫全書』 사학 _ 161
   7. 식민사관 청산을 앞당기기 위한 구체적인 방안 _ 165
   8. 맺는말 _ 174

제6장 춘천 중도유적 원상복구

● **춘천 중도 고조선 유적을 살려야 한국혼이 산다** ········· 178
   1. 머리에 _ 178
   2. 춘천 중도유적은 고조선사 연구에 한 획을 긋는 대발견이다 _ 179
   3. 오늘날의 춘천은 고대의 맥국 땅이다 _ 181
   4. 중도문화는 고조선의 맥국 유적이다 _ 183
   5. 맥국은 우리말 밝달국의 한자 표기이다 _ 188
   6. 춘천의 맥국은 언제 어떤 경로를 통해서 형성된 것일까 _ 189
   7. 중국 내몽골의 홍산문화와 한국 춘천의 중도문화 _ 193
   8. 포크레인으로 중도유적을 파괴하고 레고랜드를 짓는 것은
      단군 이래 최대의 역사 참사다 _ 196

9. 춘천 중도를 살리지 않고서는 한국의 국혼은 살아날 수 없다 _ 199
10. 레고랜드 사업을 추진한 당시의 대통령, 강원도지사, 문화재청장, 문화재위원장은 역사 참사의 5대 죄인이다 _ 201
11. 이런 일이 되풀이되지 않도록 하기 위해 역사 참사를 일으킨 원흉을 단죄해야 한다 _ 204
12. 윤석열 정부는 레고랜드를 철거하고 중도문화를 원상복구하여 후손에게 물려주라 _ 205
13. 맺는 말 _ 206

제7장 민족정기 회복

- **한국 수도 서울의 한강, 왜 한강韓江이 아니고 한강漢江인가** – 한강의 우리말 옛 이름을 되찾는다 – ············ 210
  1. 머리에 _ 210
  2. 중국 4대 강 중의 하나 한강漢江 _ 214
  3. 중국 한강漢江 유역의 한중漢中에서 유방이 한왕조의 기틀을 다지다 _ 216
  4. 중국의 한강漢江이 한족, 한문화의 발상지로서 자리매김하다 _ 219
  5. 우리민족 최초의 한강은 중국 만리장성 북쪽에 있었다 _ 222
  6. 한반도에 한강이란 이름이 출현하게 된 역사적 배경 _ 226
  7. 우리 역사상에 등장하는 한강의 우리말 옛 이름은 밝강 즉 밝달강이다 _ 230
  8. 한국 서울의 한강이 본래는 밝달강인 보다 구체적인 근거 _ 235
  9. 밝달은 우리민족의 상징이다 _ 237
  10. 사대를 하던 한양조선에서 밝달강이 중국 한족의 한강이란 의미로 변질되었다 _ 241
  11. 왜 우리는 지금 한강漢江이란 한자 표기를 한강韓江으로 바꿔야 하는가 _ 244
  12. 한강과 아리수阿利水, 대수帶水, 욱리郁里河하 _ 248
  13. 맺는 말 _ 258

- 서울 시청 앞 덕수궁 대한문大漢門 간판을 대안문大安門으로 바꿔 달자 ·········· 265

제8장 대한민국을 이끌 정치 리더가 가야 할 길
- 견훤의 길 걷지 말고 왕건의 길을 가라 ·········· 270

   1. 견훤의 길 _ 270
      농민의 아들로 비범하게 태어나다 _ 270
      군대에 들어가 용맹을 떨쳐 비장裨將으로 신분이 상승하다 _ 271
      전주에서 후백제를 건국하여 후삼국의 강자가 되다 _ 272
      견훤의 잔인한 성격의 일단을 보여주는 사건 _ 272
      포용력이 부족하여 부하와 동료들이 떠나가다 _ 273
      민심을 잃어버린 결정적 계기가 된 신라 침공 _ 273
      가족으로부터 배신 당하다 _ 275
      부자지간에 목숨 건 전쟁을 벌이다 _ 276
      비참한 최후를 맞이하다 _ 277

   2. 왕건의 길 _ 278
      송악松嶽에서 호족 가문의 아들로 태어나다 _ 278
      궁예의 휘하에 들어가 전공을 세워 두각을 나타내다 _ 279
      여러 장군들의 추대를 받아 궁예를 몰아내고 고려의 왕이 되다 _ 280
      건국 초에 인재발탁과 제도개혁에 심혈을 기울이다 _ 282
      포용적 리더십을 발휘하여 민심을 얻는데 주력하다 _ 284
      후백제의 견훤과 양강구도를 형성하여 각축전을 벌이다 _ 286
      견훤이 아들에게 배신당하여 귀순하다 _ 287
      신라의 경순왕이 나라를 들어 고려에 바치다 _ 289
      후삼국 통일의 위업을 달성하다 _ 290
      고토회복의 꿈을 이루지 못한 채 눈을 감다 _ 291

   3. 대한민국을 이끌 정치 리더는 견훤의 길 걷지 말고 왕건의 길을 가라 _ 292
      대한민국을 이끌 정치 리더가 배워야 할 왕건의 리더십 _ 293

역사에 묻는다
대한민국이 나아갈 길

서 문

    한국은 산업화와 민주화라는 두 마리 토끼를 다 잡은 나라이다. 세계 최빈국에서 세계 중심국가로 우뚝 섰다. 경제적으로는 선진국 대열에 진입한 것이 확실하다. 하지만 다른 한편으로 정신적인 면을 들여다보면 문제점도 적지 않게 지적된다.

    첫째 한국인은 자랑스러운 자신들의 지난 역사를 못난 역사로 인식하는 자학사관에 빠져 있다. 그것은 일제가 남긴 식민반도사관을 청산하지 못한 데에 기인한다.

    광복 80주년이 되는 마당에 아직도 발해 유역을 지배했던 조상들의 찬란한 대륙 역사를 되찾지 못한 채 일본이 조작한 반도 식민사관에 발목 잡혀 있다는 것은 수치스러운 일이 아닐 수 없다.

    둘째는 중국이 동북공정을 통해 한국사의 탈취를 시도하여 거듭된 역사 테러를 자행하는데도 불구하고 거기에 제대로 대응하지 못하고 있는 점이다.

중국은 처음에는 고구려사를 중국의 지방 정권, 소수민족이라고 일부 어용학자를 동원해 주장했다. 그러다가 중국 국가주석 시진핑은 미국 대통령을 만나 "한국은 역사상 중국의 일부였다."라는 망언을 하며 동북공정 이론을 전파하는 전도사를 자처했다. 이제는 이를 아예 기정 사실화 하여 중국의 대학교재에 실어 공개적으로 가르치는 파렴치한 짓까지 서슴지 않고 있다.

그런데도 명색이 한국의 강단사학자란 자들은 강 건너 불구경하듯 하며 조용히 숨죽이고 있다. 한국의 정부, 국회, 언론계 어느 곳 하나 적극적으로 나서서 이에 대응하는 기관이 없다. 이는 역사의식과 철학이 결여된 한국혼의 부재를 적나라하게 보여주는 단적인 사례다.

셋째는 춘천 중도에서 고조선 시대 맥국의 국보급 청동기 유적이 발견되었다. 이는 남북한을 통틀어 그동안 발굴된 청동기시대 유적 중 그 규모가 가장 방대한 것으로서 이를 민족의 성지로 가꾸어 성역화하는데 정부가 적극적으로 발벗고 나서서 박차를 가했어야 했다.

그런데 강원도가 부동산개발업자와 손잡고 영국의 장난감 회사 레고랜드를 끌어들여 이 국보급에 해당하는 유적을 모조리 뒤엎고 파괴하는 만행을 저질렀다.

우리 역사를 말살하는데 앞장섰던 일제 치하라 하더라도 또는 끼니를 해결하기 어려운 아프리카 후진국이라 하더라도 세계적 문화유산을 이런식으로 취급하지는 않았을 것이다. 명색이 세계 10대 경제 대국임을 자랑하는 대한민국에서 이런 어이없는 일이 발생했다.

이상의 일련의 사태들에 비추어 볼 때 대한민국이 정신적으로 얼마나 황폐하고 미숙한 수준인지를 적나라하게 보여준다고 하겠다.

한국이 경제적으로는 세계가 부러워하는 나라로 발전했지만 역사의식의 결여와 철학의 빈곤이 불러온 이런 후진적 현상들은 한마디로 국혼國魂의 부재에 그 직접적 요인이 있다고 할 수 있다. 그러므로 오늘날 한국의 시대정신을 말한다면 죽어있는 한국혼, 민족정기를 바로 세우는 일이라고 확신한다.

오늘의 한국이 한강의 기적을 넘어 지난날 우리 조상들이 이룩했던 북경 조선하朝鮮河의 기적, 백두산의 영광을 넘어 하북성 갈석산碣石山의 영광을 계승하여 다시 발해 유역의 주인, 세계의 지도국으로 우뚝 서기 위해서는 무엇보다 한국의 국혼을 바로 세우는 일이 당면한 최대의 시대적 과제라고 할 것이다.

우리가 길을 가는데 방향 설정을 잘못하여 서울을 가야 할 사람이 부산으로 가게 되면 그날 하루 일정은 완전히 낭패를 보게 된다. 그러나 그 낭패는 개인 한 사람에 국한될 뿐이다.

만일 국가의 최고 지도자가 방향 설정을 잘못했을 경우 그 피해는 전 국민에게 미친다. 결국 국가와 민족과 역사를 망치는 불행한 사태에까지 도달할 수도 있다. 그러므로 인생은 물론 국가도 속도보다 방향 설정이 더욱 중요한 것이다.

우리는 역사상에서 국가의 지도자가 방향 설정을 잘못하여 나라를 위기에 빠뜨린 경우를 흔히 본다. 고구려, 백제, 신라 삼국이 서로 형제의식을 갖고 연대하여 공동전선을 펼치지 못하고 민족통일을 빙자해 각자 분열된 방향으로 국정을 전개한 것이 수, 당의 공격을 불러들인 근본 원인이다.

특히 병자호란 같은 경우는, 우리와 피가 같은 여진족이 중국의 새로운 지배세력으로 등장하여 청나라를 건국했는데 저들을 호로胡虜로 취급하며 여전히 한족 정권인 명나라를 사대하는 쪽으로 국정의 방향을 잘못 잡은 것이 삼전도의 치욕을 불러온 요인이었다.

지금 세계에는 200개에 달하는 많은 나라가 존재하지만 한국처럼 유구한 역사를 자랑하는 나라는 흔치 않다. 서구에서 선진국으로 평가되는 독일, 프랑스, 영국, 이태리 중에 역사가

2,000년을 넘는 나라는 찾아보기 어렵다. 미국은 신생국가로서 역사가 300년이 채 안 된다.

중국의 한족은 유방이 세운 한漢나라에 기원을 두고 있기 때문에 그들의 역사는 사실 2,000여 년에 불과하고 2,000년 이전의 중국은 한족이 아닌 동이족이 주역인 나라였다.

일본은 서기전 660년 신무천황이 나라를 세웠다고 주장하지만 고고학적으로는 3세기경 야마토 정권이 일본열도 여러 세력들을 통합하면서 중앙집권적인 체제를 갖춘 것으로 본다. 그러니까 일본의 건국은 2,000년이 채 안 되는 셈이다.

한국은 5,000년 전 환국 밝족의 치우천왕 건국을 『시경』의 "현왕 환발玄王桓發"이 문헌적으로 고증하고 있고 고고학적으로는 만리장성 밖 내몽골 적봉시 홍산문화 유적이 그것을 증명한다.

4,000년 전 발해 유역의 북경 부근에서 발해조선이 건국되었다는 것은 『산해경』과 『사고전서』 등의 여러 기록을 통해서 문헌적 고증이 가능하고 고고학적으로는 북경의 하가점하층문화가 이를 뒷받침한다.

환국과 고조선의 뒤를 이어 삼한, 부여, 고구려, 백제, 신라, 가야, 발해, 고려, 한양조선으로 계승되었고 지금은 남북한으로 나뉘어 남한에서는 환국과 동일한 이름인 한국을, 북한에서는 조선이라는 고대 국명을 사용하면서 환국과 고조선의 명맥을 잇고 있다.

흉노, 거란, 여진은 한때 강대한 세력으로 대륙을 지배했지만 지금 저들은 국가도 민족도 없다. 세계 역사상 국가와 민족과 역사를 지키며 반만년 이상을 면면히 이어온 것은 우리 한민족 뿐이다.

따라서 역사문화선진국 대한민국의 지도자 어깨 위에 지워진 책무는 그 어느 나라보다도 막중하고 국가를 올바른 방향으로 이끌어가기 위한 방향 설정이 갖는 중요성은 아무리 강조해도 지나치지 않는다.

또한 지금 세계는 미국과 중국이 패권전쟁을 벌임으로써 신냉전 시대가 전개되고 있다. 한국은 미, 중 갈등의 와중에서 이를 대처하는 대외적 방향 설정을 어떻게 하느냐에 따라서 도약의 기회가 될 수도 있고 몰락의 길로 들어설 수도 있다.

고하 송진우 선생은 1925년 동아일보에 발표한 '세계 대세와 조선의 장래'란 장편의 논문을 다음과 같은 말로 마무리했다.

"우리는 외세의 파동보다 타력의 원조보다 중심세력의 확립과 자체세력의 해결을 절규 역설하는 바이다. 요컨대 조선 문제는 민족 자체의 단합이 확립하는 그날로부터 해결될 것을 확신하는 바이다."

송진우 선생은 주권을 상실하고 독립이 시대정신이었던 1920년대에 살면서 외세나 타력에 의존하기보다 중심세력의 확립과 자체세력의 해결을 역설하였고 그것의 출발점은 민족단합이라고 강조하였다.

필자는 산업화 민주화를 이미 이룩한 오늘 대한민국의 시대정신은 국혼의 회복을 통한 자력의 확립이고 그 출발점은 국민화합에 있다고 확신한다.

이런 평소 필자의 소신을 담아 그동안 발표했던 관련 논문들을 모아 7개의 장으로 만들고 여기에 최근 집필한 "대한민국을 이끌 정치 리더가 가야할 길"을 추가하여 총 8개의 장으로 묶어 『역사에 묻는다 대한민국이 나아갈 길』이라는 제목으로 한 권의 책을 펴낸다.

오늘의 한국이 나아갈 방향에 대해 저마다 견해가 각기 다를 수 있다. 필자는 역사학자로서 국가의 지도자가 방향 설정을 하는데 도움이 되게 하기 위해 주관적 관점을 말한 것이다. 한국이 나아갈 방향은 대한민국 국민 모두의 관심사인 만큼 공론의 장에서 함께 의견을 교환하는 것은 국익을 위해 바람직한 일이라고 여긴다.

다만 이번에 묶어내는 본서가 더러는 시간의 제약을 받아 충분히 생각을 가다듬지 못하고 발표한 경우도 있는 만큼 부족한 점이 많다는 것을 시인하며 독자들의 지도편달을 바란다.

끝으로 초고를 읽고 의견을 주신 장병윤 국제변호사님, 심우섭 선생님, 하상섭 선생님, 교정을 도와주신 상인숙님께 이 자리를 빌어 감사의 마음을 전한다.

2025년 11월 3일
심백강

제1장

한민족은 누구인가

한민족이 걸어온 길

— 바이칼에서 백악산白岳山까지 —

통일대박정책연구원 발표 2024. 5. 3

1. 한민족의 위대한 역정

광명을 숭배하는 밝달민족은 처음에 지구의 중심인 파미르의 천산 즉 밝산(白山) 밝달봉 아래 터전을 잡고 출발한 다음 바이칼 사얀산 즉 하얀산(太白山)으로 이동하여 환국 밝족의 새 역사를 열었다.

이들은 몽골 초원을 무대로 활동하다가 한 갈래는 서북쪽으로 가서 유목 중심으로 생활했다. 중국 역사상에 등장하는 훈누, 흉노, 돌궐이 이들이다. 지금은 위구르, 튀르크계 민족으로 계승되고 있다.

다른 한 갈래는 유목과 농경이 동시에 가능한 동북방의 발해 유역으로 이동하여 정착했다. 이들이 소위 말하는 동이족으로서 내몽고 밝산 현재의 적봉시 홍산에 이르러 찬란한 홍산문화를 꽃피웠다.

 이들은 발해 유역에서 동이 9족을 통일하여 밝달민족의 첫 통일국가 발해조선을 개국했으며 산동반도, 요동반도, 한반도에 이르는 드넓은 지역을 무대로 활동하였다. 부여, 고구려, 백제, 신라, 가야, 발해가 발해조선을 계승하여 건국한 나라들이다. 고려 때는 나라의 중심이 백두산 쪽으로 이동했고 한양조선에서는 서울의 백악산 아래에 둥지를 틀었다. 이것이 지난 날 밝달민족 오늘날 한국인의 조상들이 걸어온 역정이다.

 동이족의 다른 한 갈래는 서쪽의 중원지역으로 들어가 황하 중류의 화산華山 부근 농경지대에 터전을 잡고 농경민족으로서의 첫발을 내디뎠다. 이들이 황제 헌원씨를 시조로 하는 화하족이다.

 동이족의 또 다른 한 갈래는 남쪽으로 이동하였다. 이들이 소위 말하는 남만南蠻으로서 오늘날 동남아의 베트남, 라오스, 대만 등이 모두 이들의 자손들이다.

 사실 아시아의 모든 인류는 밝달민족을 떠나서 생각할 수 없다. 이들이 동, 서, 남, 북으로 갈라져 동이, 서융, 남만, 북적의 사이四夷가 되었다. 중국 역사상에 등장하는 동이계의 부여 고구려 백제 신라, 동호계의 오환 선비 유연 해 거란, 숙신계의 읍루 물길 말갈 발해 실위 여진 만주, 남만 계통의 어월 견월

민월 남월 낙월 양월 산월, 북적 계통의 흉노 돌궐, 서융 계통의 진 한 당 송 명 등 이들은 그 뿌리로 올라가면 모두 환국 밝족에 기원을 두고 있다.

그러나 밝족의 분포지역은 아시아에만 국한되지 않는다. 서북방에 정착한 훈족의 한 갈래가 서쪽으로 발칸반도로 건너가서 둥지를 틀었고 헝가리, 불가리아 등 유럽의 여러 나라가 다 이들 훈족의 후손들이다.

때로는 나누어지기도 하고 또 합쳐지기도 하면서 오늘날까지 역사를 이어가고 있는 우리 동북아 민족, 유라시아 인류는 그 원류로 거슬러 올라가면 백산과 흑수, 바이칼과 사얀산에 시원을 두고 있는 환국 밝족의 아들 딸들이다.

바이칼에서 출발한 환국 밝족의 자손들이 서북방으로 가서 흉노족이 되었고 동북방으로 가서 동이족이 되었으며 중원으로 가서 화하족이 되었고 남방으로 가서 월족이 되었으므로 우리 동아시아 민족, 유라시아 인류는 모두 형제요 자매인 것이다.

다만 다 같은 밝달족의 자손이라 하더라도 환인, 환웅, 복희, 소호, 치우, 단군으로 이어진 동이계가 밝달족의 주류이고 현재 한국인이 그 동이족의 정통성을 계승하고 있다고 하겠다.

서울대 최몽룡 교수는 그의 저서 『한국 문화의 원류를 찾아서』(1993)에서 1만 3,000년 전 후기 구석기시대에 바이칼 호수 지역에 살던 몽골리안의 일부가 한반도로 내려왔다고 서술했다. 한국인의 바이칼 기원론은 강단의 고고학계도 인정한다는 사실을 알 수가 있다.

2. 한민족이 발해 유역을 무대로 창조한 찬란한 발해문명

적봉시赤峰市는 발해 유역의 내몽골 자치구 동남부에 위치한 직할시이다. 적봉시는 시 정부가 있는 홍산구를 비롯해 오한기傲漢旗, 파림좌기巴林左旗, 파림우기巴林右旗 등 12개의 구, 현, 시로 구성되어 있다.

요하지역 일대에서 1,000여 곳 이상의 고대 유적지가 발굴됐는데 그중에 700여 곳 이상이 적봉시에 밀집되어 있는 것을 본다면 적봉이 홍산문화의 중심지임을 짐작하기에 어렵지 않다.

적봉시 홍산구 시가지에 거대한 바위산인 홍산紅山이 있는데 원래 몽골인들은 붉은 바위라는 뜻으로 '울란하다'라 불렀으며 중국에 편입된 이후 홍산으로 명칭이 바뀌었다.

홍산에서는 1930년대에 수많은 신석기시대 유적들이 발굴되었는데 중원의 신석기시대 문화 유적인 황하유역의 앙소문화와는 전혀 다른 문화권으로 밝혀져 '홍산문화'라고 명명하였다.

홍산문화가 발굴된 내몽골 적봉은 발해의 북쪽에 위치하여 『산해경』에서 말한 발해의 모퉁이에 있었다는 고조선과 겹치는 지역이다. 이곳에서는 햇살무늬 토기, 적석총, 비파형 동검, 치가 있는 석성 등 고조선 고유의 문화 유적으로 간주되는 수많은 유물, 유적이 발굴되었다.

오한기傲漢旗는 적봉시 남동부에 위치한 현급 행정구역으로서 가위 홍산문화의 보고이다. 소하서, 흥륭와, 조보구, 홍산, 소하연, 하가점하층, 상층 문화 등 홍산문화의 핵심적인 유적들이 발굴된 곳이다.

상고시대의 환국은 대체로 3단계로 나누어 설명할 수 있다. 첫째는 파미르고원의 환인씨 천산환국시대, 둘째는 바이칼의 환웅씨 배달환국시대, 셋째는 내몽골 적봉의 현도씨 치우홍산환국시대가 그것이다.

환국은 아시아와 유럽의 중심지 천산에서 환인씨 우리말로 하면 밝은 이가 환국의 초석을 놓았고 뒤이어 환웅씨가 태백산 즉 바이칼 사얀산으로 이동하여 환국의 새 역사를 열었으며 현도씨 치우 현왕시대에 이르러 다시 적봉의 홍산으로 강역을 확대하여 환국의 전성기를 맞았다. 따라서 홍산문화는 곧 환국 밝족의 전성기에 피어난 밝달문명의 꽃이라고 말할 수 있다.

환인씨가 환국의 초석을 놓았던 파미르 천산의 본래 이름은 밝산이고 환웅씨가 환국의 새 시대를 열었던 바이칼 사얀산의 우리말 이름도 밝산이며 현도씨 치우가 환국의 전성기를 맞았던 내몽골 적봉 홍산의 우리말 이름 또한 밝산이다.

밝산은 밝달산이고 환국의 다른 이름은 밝달국으로 밝달은 환국과 밝족을 가리키는 통칭이다. 그러므로 우리민족을 밝달민족, 우리민족의 지도자를 밝달임금, 우리민족이 이룩한 문명을 밝달문명이라 하는 것이다.

발해문명은 밝달문명이고 밝달문명의 꽃인 홍산문화는 발해만 북쪽의 내몽골 적봉시 홍산, 요녕성 건평현建平縣, 능원시凌源市 등 현재 행정구역상으로 보면 요녕성, 내몽골, 하북성이 만나는 접경 지대의 우하량, 동산취 등에 그 대표적인 유적들이 자리 잡고 있는데 위치상으로 중국 대륙의 동북방에 해당하는 지역이다.

홍산문화 유적은 1930년대에 발굴이 시작되었으나 1970년대 말부터 발굴이 본격화되었고 1983년~1985년에 걸쳐 신비왕국 홍산문화의 전모가 세상에 모습을 드러내면서 온 세계를 깜짝 놀라게 했다.

제단, 여신전, 적석총으로 상징되는 유적과 함께 수많은 토기, 옥기 등이 발굴되었는데 방사성 탄소 측정 결과, 연대가 서기전 3,630년(±110) 경으로 추정되었다.

5,500년 전 홍산문화 유적의 제단, 여신전, 적석총은 오늘날 중국 수도 북경의 천단, 태묘, 명 13릉의 구조를 방불케 하는 것으로서 북경대 소병기 교수를 비롯한 중국의 고고학계는 이를 건국 전야의 유적으로 평가하였다. 중국은 우하량 유적지 박물관 안내판에 "국가가 되기 위한 모든 조건을 약 5,500년 전에 갖춘 유적지"라 소개한다.

우하량 유적지는 서기전 35세기경에 이 지역에 고대 국가가 존재했었다는 사실을 고고학적으로 입증하고 있다. 그런데 중국인들은 이를 "국가가 되기 위한 조건을 갖춘 건국 전야의 유적"으로 평가하고 고대 국가의 유적으로 인정하기를 꺼린다. 그 이유가 무엇일까.

거기에는 두 가지 이유가 있다고 본다. 첫째는 그동안 중국의 한족들은 중원을 문명의 발상지, 동북방을 오랑캐의 주거지라 하여 야만인의 땅으로 멸시해 왔는데 중국 최초의 국가가 만리장성 너머 동북방 동이족의 근거지에서 건국되었다는 사실이 고고학적으로 입증된다면 중국 역사의 주역, 그야말로

문명의 주체가 뒤바뀌는 지각변동이 일어나기 때문이다.

둘째는 북경대 소병기 교수를 비롯한 중국 고고학계를 대표하는 학자들이 홍산문화를 건국 전야의 유물로 판명한 중요한 요인은, 중국 문헌상에 이 시기 동북방에 고대 국가가 존재했었다는 기록이 나타나지 않는다고 여겼기 때문이다.

그러나 한국의 『삼국유사』나 『삼성기전』에서 인용한 『고기』의 기록에 따르면 발해의 모퉁이에서 건국된 고조선에 앞서 환국이라는 나라가 있었다고 말하였을 뿐만 아니라 중국의 『사기』 오제본기와 『대대례기』에도 상고시대에 동북방에서 발發, 식신息愼, 장이長夷가 활동했었다는 내용이 보인다. 이는 북경대 소병기 교수 등의 인식과 달리 상고시대에 만리장성 밖 동북방에서 동이 밝족이 일찍이 국가를 건립하고 활동했었다는 사실을 문헌적으로 뒷받침하는 것이다.

특히 『시경』의 상송 장발편에는 "현왕 환발玄王桓發"이라는 기록이 보이는데 여기서 말하는 현왕은 치우를, 환발은 환국과 밝족을 지칭한 것이며 그 실제 무대가 바로 지금의 내몽골 적봉이었다.

『시경』의 "현왕 환발"은 환국 밝족이 환인씨 천산환국, 환웅씨 바이칼 환국시대를 지나 치우 현왕이 다스리던 홍산환국시대에 이르러 전성기를 맞이하여 찬란한 홍산문화를 꽃피운 사실을 동양의 고대 경전으로서 입증하는 것이라고 하겠다.

그동안 중국에서는 동북방에서 홍산문화를 발굴했지만 정작 이 문화를 담당한 주역이 누구인지 뚜렷한 인식이 없었다. 저들 중국의 고고학자들이 중국 문헌상에 5,500년 전에 국가가 건국되었다는 기록이 존재하지 않는다고 믿으면서 이를 건국 전야의 유물로 판명한 것은 커다란 오류였다.

중국의 고고학자들은 5,000년 전 고조선이 건국되기 이전에 환국이란 나라가 이미 존재했다는 기록이 한국문헌에 나온다는 사실을 알 턱이 없었다. 또한 중국의 『사기』 오제본기와 『대대례기』에 보이는 오제시대에 동북방에서 활동한 밝, 식신, 장이에 대해서도 주목하지 않았다.

그리고 『시경』 상송의 "현왕 환발"은 바로 상고시대 환국과 밝족의 치우현왕을 가리키는 내용으로서 이는 곧 환국과 밝족의 존재를 중국의 고전인 『시경』이 증명하는 것이라는 사실도 깨닫지 못했다. 그래서 홍산문화를 건국 전야의 유적으로 판명하는 오류를 범한 것이다.

제단, 여신전, 적석총으로 상징되는 홍산문화 유적은 오늘날 북경의 천단, 태묘, 명 13릉과 동일한 구조를 갖추고 있는 것을 본다면 이는 건국전야의 유적이 아니라 환국의 전성기 유적이었던 것이 확실하다.

홍산문화가 발굴되기 이전에는 『사기』 오제본기나 『대대례기』에 나오는 동북방의 발, 식신 기사나 한국의 『삼국유사』와 『삼성기전』의 환인씨 환국 관련 기록들이 그 실체를 찾을 수 없는 공허한 이야기에 지나지 않았다. 그러나 내몽고 적봉의 홍산문화가 발굴됨으로 인해서 상고시대 환국과 밝족이 고고학적으로 실증을 얻는 결과를 가져왔다.

한국의 『삼국유사』와 『삼성기전』에 등장하지만 줄곧 신화 취급을 받으며 선사시대 이야기로 머물러 있었던 환국과 밝족의 역사는, 이제 중국 고전 『시경』을 통해서 객관적인 문헌으로 입증되고 내몽고 적봉의 홍산문화 유적에 의해서 고고학적으로 입증이 된다고 하겠다.

로마가 하루아침에 이루어진 것이 아닌 것처럼 찬란한 홍산문화도 하루 아침에 만들어진 것이 아니다. 홍산문화는 천산환국, 바이칼환국 시대를 지나서 홍산환국시대에 이르러 전성기를 맞았으며 이는 치우라는 영웅으로 대표되는 문화이다.

홍산문화는 중국의 고고학자들이 말하는 것처럼 건국 전야의 유적이 아니라 환인씨 환국이 천산에서 건국되어 바이칼의 환웅씨 환국을 거쳐 내몽고 적봉의 치우 환국에 이르러 전성기를 구가하던 환국문화 유적인 것이다.

천산에서 출발한 환국은 치우의 홍산환국시대를 정점으로

막을 내리고 발해 유역에서 단군왕검이 다시 구이九夷를 통합, 밝조선을 건국하여 새로운 발해조선 시대를 개막하게 된다.

　그런 점에서 우리 한민족에 의해 천산과 바이칼에서 인류문명의 새벽이 열렸다면 내몽골 홍산에서 아시아문명의 찬란한 서광이 비쳤고 발해 유역의 발해조선에서 발해문명의 결실이 이루어졌다고 말할 수 있다.

　홍산문화 유적과 『시경』 『삼성기전』 등의 기록을 종합적으로 비교 검토해 본다면 상고시대의 환국 밝조선 단계에서는 천산, 바이칼, 내몽골 적봉 홍산, 발해 유역, 한반도 일대가 하나의 환국 밝족의 단일문화권을 형성하고 있었다고 하겠다.

3. 황하문명 아닌 발해문명이 중국을 대표하는 문명이다

　우리는 그동안 황하 유역의 황하 문명이 중국 문명을 대표한다고 인식해 왔다. 그러나 중국의 한족들이 오랑캐 땅이라 멸시해 왔던 만리장성 밖 발해 유역의 내몽골 적봉시 홍산에서 황하문명보다 무려 2,000년을 앞선 세계 최초의 국가 환국의 건국을 상징하는 제단, 여신전, 적석총 유적이 발굴됨으로써 동아시아 문명의 발상지가 황하에서 발해로 위치의 변동이 일어나게 되었다.

또한 중국문명을 창조한 주역은 중원의 화하족이 아니라 동북방의 동이족이라는 문화창조의 주체가 뒤바뀌는 현상이 발생하는 결과를 가져왔다.

만리장성 밖의 5,000년 전 홍산문화 유적은, 발해 유역에서 환국 밝족에 의해 탄생한 발해문명이 황하유역에서 한족漢族에 의해 성장 발전한 황하문명의 모태라는 사실을 고고학적으로 증명해 준다면, 중국문명의 새벽을 연 민족은 중원의 한족이 아니라 동북방의 환국 발족(桓發)이란 사실은, 상나라 역사를 기록한 『시경』의 "현왕 환발玄王桓發"을 통해서 또한 문헌적으로도 입증이 된다.

홍산문화는 발해문명의 꽃이고 찬란한 발해문명을 창조한 주역은 동이족이며 동이족의 정통성을 계승한 나라가 우리 한국이다.

황하문명이 아닌 발해 유역을 중심으로 일어난 문명이 오늘날 중국문명을 연 시원문명이고 이 중국문명을 대표하는 발해문명을 창조한 주역이 한국인의 조상 밝달민족이라면, 오늘의 우리 한국인은 역사적 문화적 긍지와 자부심을 가져도 좋은 것이다. 우리가 중국 역사문화의 아류라는 기존의 잘못된 인식의 대전환이 필요한 것이다.

4. 한반도의 백악산 아래 둥지를 튼 한국의 시대적 과제

중국 대륙에서는 지금 56개 민족이 함께 살아가고 있다. 그런데 중국의 14억 인구에서 한족이 90%를 차지하고 나머지 10%가 소수민족이라고 말한다.

중국의 5,000년 역사상에서 한족의 역사는 단지 2,000여 년에 불과하다. 한족은 유방이 세운 한나라를 뿌리로 하고 있기 때문이다. 그렇다면 한족이 90%이고 다른 민족은 10%라는 논리는 상식적으로 납득하기 어렵다.

아마도 수많은 다른 민족들이 한족에 흡수 통합되었을 것이며 따라서 14억 중국 인구 중 90%에 달하는 한족의 성분 가운데는 여러 이민족의 성분이 다수 포함되어 있다고 말하는 것이 옳을 것이다.

흉노, 거란, 여진 이런 민족들은 한때 강대한 민족으로서 중원을 지배했지만 모두 한족의 일부로 흡수되어버리고 오늘날 저들은 국가도 민족도 없다. 그저 민족의 이름만 역사에 전할 뿐이다.

우리 한민족은 파미르 백산에서 출발하여 러시아 바이칼, 내몽골 밝산, 길림성 백두산을 거쳐서 한반도 서울의 백악산에 이르렀고 100년 전 멸망했다. 토인비의 주장대로 탄생, 성장, 쇠퇴, 붕괴의 과정을 밟은 것이다.

그러나 이성계의 한양조선은 100년 전 멸망했지만 우리민족은 흉노나 거란처럼 역사의 뒤안길로 완전히 사라져버리지 않았다. 일본에 의해 주권을 빼앗기는 고초를 겪었지만 35년 만에 잃어버린 나라를 되찾았다.

중국과 영토를 맞대고 있는 나라들은 모조리 중국이 괴물처럼 집어삼켜 56개 민족으로 중국민족을 확장시켰는데 우리민족은 중국의 57개 소수민족에 포함되지 않고 국가와 민족과 역사를 지키며 오늘날까지 명맥을 유지하였다.

돌이켜 보면 한국의 근대사 100년은 참으로 참혹했다. 그러나 우리 한국인은 국권상실, 남북분단, 동족상잔이라는 가슴 아픈 상처를 안고서도 좌절하지 않고 산업을 혁명하고 기술을 개발하여 한강의 기적을 이룩했다.

경제적으로 부강하고 정치적으로 자유스러운 선진 민주국가로 우뚝 선 한국은 이제 다시 세계를 향한 웅비의 꿈을 키워 나가고 있다. 그 이유를 과연 어떻게 설명할 수 있을까.

『주역』에 의하면 우리나라의 방위는 동북방으로서 간방艮方에 해당한다. 간방의 속성을 『주역』에서는 시작과 마무리가 동시에 이루어지는 "성시성종成始成終"으로 설명하고 있다.

즉 다른 방위는 모두 시작과 종결이 있다. 동쪽에서 시작하여 남쪽에서 성장하고 서쪽에서 결실하여 북쪽에서 끝마무리 한다. 이것이 우주 자연의 운행원리이다.

그러나 추운 겨울을 마무리하고 만물이 움트는 새봄을 시작하는 것이 동북 간방의 역할이다. 동쪽과 북쪽의 사이인 간방 艮方은 봄에 시작하는 동쪽의 기운과 겨울에 마무리하는 북쪽의 기운을 다 가지고 있다.

그러므로 다른 나라들 예컨대 북방의 돌궐 흉노족은 한번 망하면 영원히 종언을 고하고 역사에서 사라지지만 동북방 민족인 우리민족은 망해도 아주 망하지 않고 다시 시작한다는 원리가 되는 것이다.

바이칼에서 시작한 밝달민족은 장구한 역정을 거쳐 서울의 백악산에 이르러서 막을 내렸다. 그러나 이들은 종언을 고한 것이 아니었다. 일본에 통합되거나 중국에 먹히지도 않았고 폐허에서 다시 시작하여 지금은 세계가 부러워하는 10대 강국으로 발돋움했다.

서구에서 300년에 걸쳐서 이룩한 산업화를 불과 40년~50년 만에 달성하여 한강의 기적을 만들어냈고 이제 산업화와 민주화를 동시에 성취한 선진 대국으로 우뚝 섰다. 이것이 『주역』에서 말한 동북 간방의 "성시성종"의 원리이다.

그러나 우리는 지금 잃어버린 나라는 되찾았지만 잃어버린 역사는 아직 온전히 되찾지 못했다. 어느 민족이나 막론하고 민족혼은 그 민족이 걸어온 역사에 담겨 있기 마련이다. 그런데 우리는 지금 바이칼에서 발해 유역에 이르는 자랑스러운 대륙역사를 잃어버린 채 사대 식민사관에 의해 왜곡 날조된 반도역사만을 우리 역사로 가르치고 배우고 있다.

이것이 오늘 한국이 경제적으로 세계가 부러워하는 나라로 발전했지만 영혼이 없는 나라가 되어 있는 근본 원인이다. 자살률 세계 최고, 이혼률 세계 최고의 부끄러운 지표는 물질적으로 풍요하지만 정신적으로 빈곤한 나라가 겪는 부끄러운 현상이다.

대통령 퇴임 후 다음 코스는 감옥행이 되었고 본보기가 되어야할 여의도 국회의사당은 범죄자의 소굴이나 다름 없다. 국민들은 촛불과 태극기로 편을 갈라 전쟁을 방불케 하는 싸움을 벌이며 한나라가 두 나라처럼 분열되어 있다.

북한은 핵무기 개발에 열을 올리며 동족을 향해 침략의 마수를 뻗치고 있다. 부모 형제가 갈라져 이산가족 왕래조차 허용되지 않은 채 세계의 마지막 분단국가라는 불명예가 지속된다. 이것이 역사를 잃어버린 민족, 영혼이 없는 민족이 겪는 비극이다.

오늘 대한민국의 시대적 과제는 국민화합과 남북통일이다.

우리 국조 단군은 나라를 세울 때 홍익인간 정신으로 나라를 세웠다. 민족과 국가를 넘어 널리 인류를 사랑하라는 정신이 담겨 있다.

홍익인간은 한국의 역사 속에 흐르는 민족정신이다. 이 정신으로 고조선이 2,000년 동안 9개 동이족이 서로 화합하여 평화를 유지할 수 있었다. 고구려, 백제, 신라 등이 1,000년 500년 왕조의 유지가 가능했던 것은 화합과 평화를 강조하는 홍익인간 정신의 계승을 통해서였다.

지금 우리는 자랑스러운 역사, 숭고한 건국정신 홍익인간을 잃어버렸다. 잃어버린 위대한 역사를 되찾고 한국의 민족혼 홍익인간 정신을 회복하여 촛불과 태극기로 찢어진 국민이 화합하고 휴전선으로 갈라진 남북의 강토를 하나로 통일하는 것이 시대적 과제이다.

국민화합과 남북통일은 이제 더이상 미룰 수 없는 민족의 염원이자 국민적 숙제이다. 이는 러시아의 바이칼에서 백두산을 거쳐 한반도의 백악산까지 펼쳐졌던 한민족의 찬란한 역정, 중국문명을 대표하는 발해 유역의 발해문명을 견인했던 밝달민족의 위대한 기상을 되새기며, 대륙을 향한 웅비의 날개를 새롭게 활짝 펼쳐야할 길목에서 우리가 가장 먼저 해결해야 할 시대적 과제가 아닐 수 없다.

제2장

국혼을 바로 세우는 정치

국부國富를 넘어 국혼國魂의 시대, 국혼이 바로 선 나라를 어떻게 만들 것인가

제1차 국혼포럼 발표 2022. 4. 25

1. 머리말

공자는 "그 직위에 있지 않으면 그 정사를 논해서는 안 된다.(不在其位 不謀其政)"라고 말했다. 국가의 정치에 직접 참여하지 않는 일반 국민은 정치에 대해 왈가왈부해서는 안 된다는 뜻이다. 그러나 강태공은 "천하는 군주 한 사람의 천하가 아니라 천하 만백성들의 천하이다.(天下非一人之天下 乃天下之天下也)"라고 말하였다.

강태공은 산동성 내이萊夷지역 출신으로 공자보다 500여 년 앞서 태어난 동이지사東夷之士였고 공자는 주공周公의 봉지封地인 산동성 노魯나라 출신으로 화하계 문화에 심취했던 인물이다.

이를 통해서 본다면 정치를 군왕의 전유물로 보고 백성을 그 부속물로 간주한 것은 동이족의 정신이 아니라 화하족 계통의 인식이었음을 미루어 알 수 있다.

자신의 혈통과 관계없이 덕망이 높은 훌륭한 정치지도자를 널리 선발하여 그를 군주로 삼던 아름다운 전통은 폐지되고 정권을 자기 자손에게 상속시키는 이른바 혈통 중심의 정치제도가 시작된 것은 화하족의 첫 왕조인 하夏나라 우왕의 아들 계啓에 의해서이다. 여기서부터 혈통 중심의 봉건왕조가 첫발을 내딛게 된 것으로서 동양의 군주주의, 봉건정치는 동이족의 문화가 아니라 화하족의 전통에서 유래된 것이라고 하겠다.

오늘 "국혼이 바로 선 나라를 어떻게 만들 것인가."를 주제로 발표를 하는 데 국혼은 학문적 영역과 관계되지만 국혼이 바로 선 나라를 만드는 것은 정치적 영역에 해당된다.

따라서 내가 만일 오늘날 태어나지 않고 정치는 군주의 전유물이라고 여겼던 공자의 유교가 지배한 한양조선에서 태어났더라면 학문적인 영역을 벗어나 정치적인 영역에 걸쳐 있는 이런 주제를 가지고 발표하기는 어려웠을 것이다.

나는 오늘 언론의 자유가 보장되는 민주주의 시대에, 군주가 천하의 주인이 아니라 백성이 천하의 주인이라고 생각한 동이족의 후손으로 태어나 일반 국민의 한 사람으로서 "국혼이 바로 선 나라를 어떻게 만들 것인가."라는 국가경영과 관련된 정치적인 주제를 가지고 여러분 앞에 발표를 하게 된 것을 자랑스럽고 영광스럽게 생각하는 바이다.

2. 불후의 민족, 영원한 청년의 나라 한국

세계에는 수많은 나라가 존재한다. 그러나 국가와 민족과 역사를 1만 년 가까이 이어온 나라를 찾아보기는 쉽지 않다. 이웃 나라 일본은 그들의 역사에서 신화 부분을 제거하고 나면 2,000년도 안 된다. 한국이 역사문화를 전해준 종주국이다. 중국이 장원한 역사를 자랑하지만 한족의 역사는 2,200년 전 유방이 세운 한나라로부터 시작되었으므로 3,000년~4,000년 전에는 중국 한족은 역사상에 존재하지 않았다.

우리 민족은 5,000년 전에 발해 유역에 환국과 발해조선을 세워 다스렸다. 그것은 4,000년 전 저술된 최고의 지리서인 『산해경』의 "발해의 모퉁이에 나라가 있으니 그 이름을 조선이라 한다.(北海之隅有國 名曰朝鮮)"라는 기록과 "조선이 발해의 북쪽, 연산燕山의 남쪽에 있다.(朝鮮在海北山南)"라는 기록이 잘 말해준다.

한무제 시대에 태어났던 사마천의 『사기』는 한족을 중심으로 중국 역사를 기술했지만 『산해경』과 같은 상고시대의 역사서에는 조선은 여러 군데 나와도 유방이 세운 한漢나라는 흔적조차 보이지 않는다. 일본은 물론 말할 것도 없다.

지난날 서구에서는 로마가 강대했다. 하지만 저들은 지금 역사상에서만 존재할 뿐 국가도 민족도 없다. 동양에서는 흉노와 돌궐이 만리장성 안과 밖을 지배한 강대한 민족이었으나 지금 그들 또한 역사상의 이름으로서만 존재할 뿐이다.

우리 한국의 지나온 발자취를 더듬어보면 환국, 발해조선의 찬란한 역사 1만 년을 면면히 이어왔고 오늘날에도 국가와 민족과 역사를 지키며 살아가고 있다. 2,200년의 역사를 가진 중국의 한족은 미국이나 일본에 비하면 역사선진국이 될 수 있지만 1만 년 역사, 5,000년 문명사를 자랑하는 한국에 비하면 어린아이에 불과한 것이다.

다른 민족들은 하늘의 별처럼 찬란히 빛을 발하다가 한점 빛을 남기고 역사의 뒤안길로 흔적도 없이 사라져 간 경우가 대부분인데 우리 한민족은 영원한 청년, 불후의 민족으로 오늘날까지 세계무대에 우뚝 서 있는 이유가 과연 무엇일까. 나는 그 해답을 한국인의 정신에서 찾을 수 있다고 본다.

3. 한국인의 정신, 홍익인간

한국인의 정신이란 무엇인가. 서구인의 정신, 중국인의 정신, 일본인의 정신과 구별되는 한국인만이 가지고 있는 특성, 다시 말하면 한국인의 심리상태, 한국인의 성격과 기질, 품성과 품행을 포함하여 말하는 것으로서 이를 한마디로 규정하여 설명하기는 쉽지 않다.

중국인의 정신 속에서는 자신들이 중원의 문화민족이고 다른 이민족은 동이, 서융, 남만, 북적의 변방세력이라는 정신이 강하게 작용한다. 일본인의 정신세계는 국화와 칼, 특히 무사도로 상징된다. 그러므로 중국인의 정신은 '중화'로 요약되고 일본인의 정신은 '무사도'로 요약된다.

한국인의 정신세계를 수천 년 동안 이끌어온 것은 무엇인가. '인간을 널리 이롭게 한다.'라는 홍익인간 정신이다. 홍익인간 정신이 한국인의 불후의 민족혼이다. 따라서 한국인의 정신은 '홍익'이라는 두 글자로 요약된다고 할 수 있다.

4. 홍익인간을 현대적으로 표현하면 인류애

나의 가족과 민족, 국가를 넘어서 "널리 인간을 이롭게 한다."라는 홍익인간 정신을 현대적인 용어로 표현한다면 '인류애'라고 말할 수 있다. 홍익인간은 인류에 대한 사랑을 실천하는 구체적인 방법론을 이익을 독점하지 않고 이웃과 함께 나누는 것으로 제시하고 있다.

동서의 종교와 사상이 다 사랑을 강조한다. 기독교의 박애, 공자의 인의, 불교의 대자대비가 그것이다. 그러나 이들의 사랑을 실천하는 방법론은 다소 추상적인 감이 있다. 이익의 공유를 통해 인류애를 실천하라는 홍익인간 정신은 기독교, 유교, 불교에 비해서 보다 현실적이다.

모든 인간은 양심과 함께 육체를 소유한 존재이다. 육체를 소유하고 있기 때문에 본능적으로 매사에 자기 이익을 앞세우게 되고 나의 이익을 우선적으로 고려하다 보면 사랑과 멀어지게 된다. 그러므로 사랑을 실천하는 가장 근본적이고 우선적인 방법론이 자기를 내려놓고 이익을 공유하는 홍익인간 정신이라고 말할 수 있다.

현대사회를 지배하는 두 체제는 자본주의와 사회주의로 대표되는데 자본주의는 인간의 사적 이익에 초점이 맞추어져 있고 사회주의는 인간의 공동이익에 기준이 두어져 있다. 그러나 육체를 소유한 인간은 천사가 아니므로 공동이익만을 추구할 수 없고 양심을 소유한 인간은 동물이 아니므로 사적 이익에만 집착해서도 안 된다.

사익과 공익을 넘어 홍익을 실천하라는, 사익을 추구하되 독점하지 말고 이웃과 함께 나누라는 홍익인간 정신은 자본주의의 한계와 사회주의의 단점을 극복하고 새로운 문명을 열어갈 수 있는 대안이기도 한 것이다.

어느 시대 어느 사회를 막론하고 평화가 깨지고 분쟁과 혼란이 야기되는 근본 원인은 이익을 독점하려는 데서 발생한다. 요즘 러시아의 푸틴이 우크라이나를 침공하여 막대한 인명과 재산의 피해가 발생하고 있는데 그 원인을 규명해 보면 러시아가 자국의 이익만을 고려하고 이웃과 함께 나누려는 인류애가 부족한 데서 발단이 된 것이다.

그런 점에서 이익의 공유를 통한 인류애를 지향하는 홍익인간 정신은 과거의 지나간 유물이 아니라 오늘날 21세기에도 여전히 그 가치를 지닌, 새로운 시대를 이끌어갈 비전과 철학이 되기에 충분한 것이다.

5. 인류애에 바탕한 홍익인간이 한국인의 정신임을 뒷받침하는 근거는 무엇인가

1) 문헌적 근거, 『후한서』와 『논어』와 『산해경』에 나타나는 인과 군자국

한국인의 영원한 정신, 불후의 민족혼이 인류애를 바탕으로 한 홍익인간 정신이라고 한다면 그것을 구체적 근거를 가지고 설명할 수 있는가. 먼저 문헌적 근거를 제시한다면 『후한서』 동이전에 "그들의 풍속은 인을 좋아한다.(其俗好仁)"라고 하였고 또 그들이 사는 나라를 "군자의 나라(君子之國)"라고 말하였다.

『후한서』 동이전은 부여, 고구려, 옥저, 삼한 등 한국의 고대사를 다루고 있는데 그 서두에서 인과 군자국을 언급한 것을 본다면 공자가 평소에 그토록 강조해 마지않은 인과 군자가 바로 한국인의 조상들을 지칭한 것임을 미루어 짐작하기에 어렵지 않다.

『논어』에도 공자가 고조선에 가서 살고 싶다고 피력하고(子欲居九夷), 또 고조선을 군자들이 사는 나라(君子居之)라고 표현한 말이 나오는데 다만 송나라 때 중화주의자 주희가 『논어』를 주석하면서 그것을 고조선과 전혀 관계가 없는 내용으로 왜곡했고 주자학에 눈이 먼 한양조선의 사대주의자들은 일방적으로 주희의 주석을 맹신하면서 그것을 바르게 바라볼 수 있는 안목이 없었다.

『논어』는 공자가 그 제자들과 나눈 대화를 적은 책이다. 공자의 말씀과 이론이 담겨 있다. 그래서 『논어』라고 한다. 『논어』는 모두 합해 2만여 자로 구성되어 오늘날 200자 원고지로 환산하면 100여 매에 불과한 짧은 문장인데 그 안에 어질 인仁 자가 수없이 나오고 군자君子라는 명칭이 100여 군데나 등장한다. 이는 인이 공자의 핵심사상이고 군자는 공자가 추구한 이상적 인간상임을 말해준다.

그런데 이 인은 공자가 창안한 것이 아니라 환국, 고조선의 홍익인간 사상을 계승한 것이고 군자 역시 공자가 창안한 인간상이 아니라 고조선사람들을 지칭하는 명칭이었던 것이다.

사랑은 증오의 반대말이다. 그러나 같은 사랑이지만 사랑 애愛 자와 어질 인仁 자는 차원이 다르다. 보다 높고 깊고 넓은 사랑을 가리켜 인이라고 한다. 그러므로 공자의 인은 곧 홍익인간 인류애를 가리킨 것이다. 일본의 어떤 학자는 인을 종합미덕이라 표현했는데 상당히 설득력이 있는 설명이라고 하겠다.

군자는 누구인가. 『논어』에 의하면 사랑을 몸으로 실천하는 사람이다. 이익을 독점하지 않고 이웃과 나누는 사람이다. 『논어』에 군자에 대한 언급이 100여 군데나 나오지만 이를 요약하면 사랑을 실천하고 이익을 나누는 사람이 군자인 것이다.

『산해경』에는 군자국에 대하여 상세히 묘사한 기록이 나온다. 그 나라 사람들은 "의관 대검衣冠帶劍"을 한다고 하였는데 옷을 입고 모자를 써서 의관을 갖추었다는 것은 문화적 수준이 높은 것을 말하고 칼을 차고 있었다는 것은 문화적으로 뿐만 아니라 무예 방면에 대해서도 또한 소홀히 하지 않았다는 것을 가리킨다. 이는 군자국의 사람들이 문과 무를 어느 한쪽에 치우치지 않고 아울러 숭상했던 아주 높은 수준의 문화민족이었음을 말해 준다.

그리고 『산해경』에는 이어서 "그 나라 사람들은 양보하기를 좋아하고 다투기를 싫어한다.(其人好讓不爭)"라고 말한 내용이 나오는데 겸양하기를 좋아하고 싸우기를 싫어했다는 것은 그 민족이 지닌 온화한 성품을 나타낸 것이라고 하겠다.

온화하고 선량하고 공손하고 검소하고 겸양함, 이는 『논어』에 보이는 공자가 실천했다는 다섯 가지 덕목인데(夫子溫良恭儉讓), 사실은 그것이 바로 군자국의 사람들이 보여준 성격과 사람됨이었던 것이며 공자는 그것을 이상적인 인간상으로 삼아서 자신이 직접 실천하고 다른 사람들에게도 본보기로 삼으라고 가르쳤던 것이다.

그런데 『산해경』에 나오는 군자국의 기록 가운데 하나 주목되는 것이 있다. 바로 "두 마리 호랑이로 하여금 곁에 있도록 하였다.(使二文虎在旁)"라는 내용인데 현대사회에서는 전혀 이해가 가지 않는 것이다. 그러나 요즘은 개를 신변 보호용으로 사육하지만 당시에 수련을 통해 도가 높은 경지에 이른 도인은 호랑이를 잘 훈련시켜서 신변을 보호하고 심부름을 시키는 용도로 사용했었는지도 알 수 없는 일이다.

『산해경』의 이 기록과 관련하여 연상되는 내용이 있다. 오늘날 사찰에 가면 법당 뒤에 산신각이 있고 그 안에 호랑이를 옆에 대리고 앉아 있는 신선의 영정이 모셔져 있는 것을 흔히 볼 수 있다.

이는 불교와는 전혀 무관한 것인데 어떻게 사찰에 이런 신선각이 모셔져 있는 것일까. 나는 불교가 이 나라에 유입되기 이전 우리 고유의 민간신앙에서 모시던 선가의 신선이 있었고 이 산신각의 신선이 바로 호랑이를 곁에 데리고 있는 『산해경』에 나오는 군자국의 지도자를 형상화한 것이 아닌가 여긴다. 『산해경』의 기록을 통해서만 불교사찰의 산신각 문제가 의문이 풀릴 수 있다고 보는 것이다.

우리의 고대사를 다룬 『후한서』 동이전에는 우리 민족을 가리켜 "인을 좋아하는 사람들(好仁)", 그리고 우리 고대국가를

가리켜 "군자의 나라(君子國)"라고 지칭하고 있다

『논어』에는 고조선을 "군자들이 사는 나라(君子居之)"라고 하였고 또 "공자가 군자들이 사는 나라 고조선에 가서 살고 싶다.(子欲居九夷)"라고 말한 내용에 적혀 있다. 『산해경』에서는 "군자국의 사람들은 문무를 겸비한 높은 문화를 향유하고 그 나라의 민족성은 겸양하기를 좋아하고 싸우기를 싫어한다."라고 밝히고 있다.

호인好仁, 호양好讓, 불쟁不爭은 홍익인간을 실천하는 구체적인 덕목들이고 군자는 홍익인간의 실천을 통해 완성된 인간상이다. 『후한서』와 『논어』와 『산해경』의 기록들은 한국인의 영원한 정신이자 불후의 민족혼이 바로 인류애를 바탕으로 한 홍익인간 정신임을 증명하는 확실한 문헌적 근거들이라고 하겠다.

2) 홍익인간의 고고학적 근거는 고조선의 비파형 동검에 잘 나타나 있다

비파형 동검은 청동기시대에 만들어진 칼이다. 그런데 이 동검이 발견되는 지역을 살펴보면 중국의 산동성, 요녕성, 하북성, 한반도 등 발해 유역일대이다. 산동반도, 요동반도, 한반도는 고조선인의 활동무대인데 비파형 동검이 발견되는 지역이나 제조된 시기가 고조선과 겹친다.

그러므로 이 동검은 고조선 시대에 발해조선 사람들이 사용하던 무기가 틀림없다. 칼의 모양이 비파와 비슷하다고 해서 중국인들이 비파형 동검이란 명칭을 붙였고 지금 우리도 그 명칭을 그대로 사용하고 있는데 사실은 고조선 비파형 동검이라고 하는 것이 보다 더 적절한 표현이 될 것이다.

우리가 여기서 주목할 것은 칼은 전쟁에서 적을 무찌르기 위해 만든 것인데 왜 하필이면 악기인 비파의 모양을 본떠서 배를 불룩하게 만들었는가 하는 점이다.

그동안 많은 연구자들이 고조선 연구를 진행하면서 비파형 동검을 다루고 있는데 왜 이 칼이 비파처럼 생겼는지 그 점을 주목하여 설명한 사람은 없다. 나는 비파를 닮은 이 고조선 청동검에 고조선인의 홍익인간 정신이 담겨 있다고 본다.

전쟁에서 사용하는 모든 칼은 사람을 죽이는데 목적이 있기 때문에 날카로울수록 좋은 무기가 된다. 그래서 역사상에 등장하는 명검들은 날카롭고 예리한 특징을 지니고 있다.

비파형 동검은 끝은 뾰족한데 중간은 비파 모양을 닮아 배가 불룩 튀어나와 있어서 적을 공격했을 때 깊숙이 쑥 들어갈 수 없는 구조로 되어 있다. 이는 비파형 동검은 적의 공격을 방어하는 데 목적을 두고 고안되었으며 생명을 살해하는 데 목적이 있지 않음을 잘 반영한 것이라고 본다.

이해관계가 충돌하여 전쟁이 나면 아군과 적군으로 나뉘어 목숨 건 혈투를 벌이지만 따지고 보면 다 같은 고귀한 생명을 지닌 소중한 인간들이다. 배가 불룩 튀어나온 고조선의 비파를 닮은 청동검에서는 생명을 소중히 여긴 고조선인의 정신을 발견할 수 있다.

그러면 여러분은 질문할 것이다. 고조선인의 죽이기를 싫어하고 생명을 사랑하는 그런 정신이 어디서 유래했는가라고. 나는 그 해답을 홍익인간 정신에서 찾을 수 있다고 보는 것이다. 따라서 고조선의 비파형 동검은 우리민족의 홍익인간 정신, 널리 인류를 사랑하는 인류애를 실천한 고고학적 증거를 반영하는 유물이라고 여겨지는 것이다.

지금 이 짧은 문장 안에서 고조선의 홍익인간 정신이 부여, 고구려, 백제, 신라, 고려를 거치며 어떻게 전승되었는지 하나하나 설명하기는 어렵다. 자세한 설명은 다음 기회로 미루고자 한다. 다만 고조선의 비파형동검은 한국인의 정신적 원류에 홍익인간이라는 고귀한 정신이 자리 잡고 있었다는 일단을 살필 수 있는 하나의 중요한 고고학적 단서가 되기에 부족함이 없다고 하겠다.

6. 촛불과 태극기, 남북 분단은 홍익인간 정신을 잃어버린 결과다

지금 우리 한국은 경제적으로는 세계가 부러워하는 나라가 되었다. 인구 5,000만 명에 3만 불 이상의 소득을 올리는 30~50클럽, 즉 선진국대열에 진입하여 세계 7대 선진국의 영예를 누리고 있다.

그러나 분단된 조국은 아직도 통일이 요원하고 분열된 민심은 화합과는 거리가 멀다. 광복 77주년이 되었는데도 분단된 조국은 여전히 두 동강 난 채로 휴전선이 가로막혀 이산가족 왕래조차 허락되지 않고 있고 서로 원수처럼 지내며 세계의 마지막 분단국가라는 불명예를 떠안고 있다.

남북의 통일은 고사하고 남남갈등이 극에 달하여 결국 촛불과 태극기로 갈라져 싸우며 총칼만 안 들었지 가위 전쟁을 방불케 하는 격한 좌우 대립을 벌이고 있다.

이런 복합갈등의 와중에서 국민은 행복을 향유할 여유가 없다. 그래서 자살률과 이혼율은 세계 최고수치를 치닫고 있고 심지어 헬조선이라는 말까지 나오고 있는 실정이다.

지난날 서로 사랑하기를 좋아했던 우리 민족이 어쩌다가 이렇게 증오심에 불타는 민족이 되었는가. 지난날 싸우기를 싫어하고 양보하기를 좋아했던 군자의 나라가 오늘날 어쩌다가 이렇게 한 치의 양보도 없는 싸움으로 날을 지새우는 소인배의 나라가 되었는가.

우리 조상들은 인류애를 실천하라고 가르치셨는데 지금 우리는 인류애는 고사하고 부모 형제가 남북으로 갈라져 원수처럼 지내고 좌우로 분열되어 적대시하며 증오심이 극에 달해 있는 이 현상을 어떻게 설명할 수 있을까. 그것은 우리의 민족혼인 홍익인간 정신을 잃어버린 탓이다. 우리의 국혼인 군자국의 정신을 상실한 것이 근본 원인이다.

7. 국부를 넘어 국혼이 바로 선 나라를 만들자

각 민족은 저마다 자신들만의 고유한 정신세계가 있다. 미국인은 자유 정신, 중국인은 중화정신, 일본인은 무사정신을 지키며 민족의 단합과 발전을 이어가고 있다.

오늘 "한국인의 정신은 무엇인가."라고 물으면 뜸 들이지 않고 얼른 1초 안에 이것이라고 바로 대답할 사람은 그리 많지 않다. 그래서 오늘의 한국인은 영혼이 없는 민족, 한국은 국혼이 없는 나라가 되어 있다.

아무리 가진 재산이 많다 해도 그 사람에게 영혼이 없다면 정신착란증에 걸려 있다면 그의 장래는 암울할 수 밖에 없다. 국가도 마찬가지다. 비록 국민소득이 3만 불을 넘는 경제 대국이라 하더라도 그 나라의 정신이 죽어 있다면 국혼이 살아 있지 않다면 그런 나라는 희망찬 미래를 기약할 수가 없는 것이다.

한국인의 민족혼, 한국의 국혼은 중국의 중화, 일본의 무사도보다 훨씬 더 위대한 홍익이다. 그런데 이 위대한 국혼을 우리는 명, 청 시대에 중국에 사대를 하면서, 또 일제 강점기에 식민지배를 받으면서 잃어버렸다.

우리는 50년대, 60년대에는 굶주린 배를 채우기 위한 경제개발에 바빠서 또 70년대 80년대는 민주화운동에 박차를 가하느라고 우리의 잃어버린 국혼을 되돌아볼 겨를이 없었다. 그러나 우리 한국은 지금 경제를 혁명하고 정치를 혁신하여 2차 대전 이후 경제발전과 민주화를 동시에 이룩한 유일한 나라가 되었다.

이제 우리에게 당면한 시대적 최대 과제는 국부를 넘어서 국혼이 바로 선 나라를 만드는 것이다. 지금 우리에게 가장 절실히 필요한 것은 배를 채우기 위한 빵도 자유를 얻기 위한 민주화도 아니며 우리 조상들이 수천년 동안 지켜온 민족혼,

한국인의 국혼인 홍익인간 정신을 되살려 국혼이 바로 선 나라를 만드는 일인 것이다.

8. 국혼이 바로 선 나라를 만들기 위한 9대 제안

우리나라는 고려 때까지는 국혼이 살아 있었다. 그것은 고려 태조 왕건이 중국의 제후국이 아닌 황제국을 자처하며 천수天授라는 연호를 사용하고 자신을 과인이 아닌 짐이라 지칭하고 왕이 내리는 문서를 교지가 아닌 칙서라 호칭한 데서 잘 나타나 있다.

그러나 태조 이성계의 한양조선에 이르러 우리의 국혼은 약화의 길로 들어섰다. 특히 태종 이방원이 밀약을 통해 명나라 주원장의 배후 지원을 받아, 요동 정벌을 주장했던 정도전과 개국 공신들을 제거하고 사대 정부를 세운 것이 국혼 상실의 결정적 요인이 되었다. 이 때부터 한양조선의 운명은 수천년 동안 시행해오던 천자국의 상징인 천제天祭를 폐지하고 일일이 명나라의 제후국으로서 눈치를 보며 살아가야 하는 처지로 전락하였다.

한양조선이 얼마나 국혼이 썩은 나라였는가 하는 것은 그때 정승 판서를 역임한 사람들의 묘비에는 반드시 조선의 정승 판서가 아니라 명나라를 앞세워 유명조선국有明朝鮮國의 정승 판서라고 새겨진 데에서 잘 나타나 있다고 하겠다.

국혼이 없는 나라 한양조선은 결국 우리 1만 년 역사상에서 유일하게 국권을 외세에 빼앗기는 결과를 가져왔다. 일본은 식민통치를 강화하기 위해 우리 민족의 국조 단군을 신화적인 인물로 조작하여 민족정기를 말살했다. 중원대륙을 지배한 발해조선을 역사에서 삭제해 버렸고 낙랑유물을 위조하여 대동강 낙랑설을 날조했다. 우리는 뿌리 없는 민족 변방의 초라한 나라가 되면서 국혼이 땅에 떨어져 자취를 감추게 된 것이다.

광복 후 77주년이 되었다. 광복의 기쁨이 채 가시기도 전에 조국의 강토는 남북으로 양분되었고 6.25 동족상잔이 뒤이어졌다. 이런 가슴 아픈 상처로 얼룩진 와중에서 우리가 기술을 개발하고 산업을 혁명하여 한강의 기적을 이루어냈다는 것은 참으로 자랑스러운 일이 아닐 수 없다.

다만 우리는 지금 허리 끊긴 산하에 둘러쳐진 3.8선을 걷어내지 못한 채 세계의 마지막 분단국가라는 불명예를 안고 있고 촛불과 태극기로 갈라진 민심은 목숨 건 이념투쟁을 계속하고 있다. 경제는 살아났지만 국혼이 살아 있지 않고 국부는 이룩했지만 국혼이 죽어 있는 것이다. 그래서 국혼이 바로 선

나라를 만드는 것을 이 시대 한국의 시대적 과제라고 하는 것이다.

그러나 국혼을 잃어버린 것이 어제 오늘의 일이 아니다. 한양조선으로부터 오늘에 이르기까지 600여 년 세월이 흘렀다. 망가질대로 망가진 국혼을 막상 일으켜 세우려고 하면 그 일이 엄두가 나지 않는다. 어디서부터 어떻게 손을 써야 할지 대안이 막막한 상황이다.

따라서 오늘 나는 우선 국혼을 바로 세우기 위한 9가지 주제를 선정하여 그 대안을 제시하고자 한다.

1) 대한민국 헌법 전문에 건국이념 홍익인간을 명기하자

헌법은 국가의 조직, 구성 및 작용에 관한 국가 최고의 법규로서 일반적으로 각 국가는 헌법에 전문前文을 두고 헌법 제정의 역사적 의의와 목적, 제정 과정, 헌법의 이념 등을 담아 국가의 성격 및 지향점을 밝혀 둔다.

대한민국 헌법 전문에 헌법의 기본원리 및 제정의 역사, 주체와 함께 우리나라의 건국이념인 홍익인간을 명기하는 것은 너무나도 당연한 일이다. 그런데 대한민국의 헌법 전문은 "유구한 역사와 전통에 빛나는 우리 대한 국민은 3.1운동으로 건립된 대한민국 임시정부의 법통과 불의에 항거한 4.19 민주이념을 계승하고"로 시작되어 건국이념인 홍익인간은 빠져 있다.

1919년 3월 1일에 일제의 강압적인 식민지 정책에 항거하여 일어난 3.1운동은 잃어버린 국권 회복의 기폭제가 된 것은 사실이지만 그것이 대한민국의 건국이념이라고 말하기는 어렵다.

환인의 아들 환웅이 태백산에 내려와 홍익인간을 건국이념으로 하여 개국했다고 『삼국유사』에 기록되어 있고 대한민국 임시정부의 건국강령에도 홍익인간 이화세계가 우리민족의 최고 공리公理로 천명되어 있다.

임시정부 건국강령에는 "홍익인간 이화세계가 우리민족의 최고 공리公理"라고 분명하게 천명했는데 대한민국 헌법 전문에서는 이를 완전히 배제한 채 "우리 대한 국민은 3.1운동으로 건립된 대한민국 임시정부의 법통을 계승했다."라고 말한 것은 홍익인간이라는 건국이념은 물론 3.1운동 이전의 우리 반만년 문명사를 모두 부정한 반민족사적 행위이다.

우리나라가 경제적으로는 선진국대열에 진입했다고 하지만 한편 역사의식의 결여와 철학의 빈곤으로 많은 문제점이 노출되고 있는데 그 원인을 살펴보면 5,000년 전 홍익인간을 이념으로 개국한 선진 문명국을 부정하고 100년 전 3.1운동으로 건국한 신생 독립국임을 자처한, 국혼이 상실된 대한민국 헌법 전문과 무관하지 않다고 하겠다.

지금이라도 늦지 않았다. 헌법 전문의 "유구한 역사와 전통에 빛나는 우리 대한 국민은 3.1운동으로 건립된 대한민국 임시정부의 법통과 불의에 항거한 4.19 민주이념을 계승하고"를 "유구한 역사와 전통에 빛나는 우리 대한 국민은 홍익인간 이념으로 개국한 환웅의 정신과 3.1운동으로 건립된 대한민국 임시정부의 법통과 불의에 항거한 4.19 민주이념을 계승하고"로 바꾸면 되는 것이다.

대한민국 헌법 전문에 홍익인간을 개국이념으로 명기하여 우리나라가 3.1운동으로 건국된 신생독립국가가 아니라 빛나는 5,000년 문명사를 지닌 자랑스러운 역사문화 선진국임을 전 국민에게 일깨우고 또 홍익헌장을 제정하여 국민의 자긍심을 널리 고취시킨다면 땅에 떨어진 국혼을 살리는데 크게 기여하게 될 것이다.

2) 대통령大統領이란 명칭을 대통령代統領이나 대통령大通領으로 바꾸자

"공간이 의식을 지배한다." 윤석열 당선인이 청와대 입성을 반대하며 내세운 이론이다. 다만 우리가 여기서 지적하고 싶은 것은 공간이 의식을 지배하는 것보다 명칭이 의식을 지배하는 요소가 더욱 강하다는 것이다. 지금 한국의 행정 수반은 대통령大統領이라는 명칭을 자칭, 타칭으로 사용하고 있다. 한 나라를 다스리는 통치자에 대한 호칭은 여러 가지가 있다. 미국은 프레지던트(president)라고 하고 중국은 주석主席 또는 총서기라 하고 일본은 수상首相이라고 한다.

프레지던트는 하인이란 뜻이 있고 주석은 모인 자리의 주인이란 의미이며 서기는 기록을 담당하는 사람이란 뜻이고 수상의 상相은 도울상 자로서 백성을 도와 나라를 다스리는 사람의 수반이란 뜻이다. 대통령大統領은 크게 거느리는 두령이란 뜻인데 세계에서 가장 권위적인 용어라고 말할 수 있다.

대통령이란 용어는 군주주의 봉건사회의 천자天子나 왕王이나 황제皇帝보다도 훨씬 더 권위주의적인 표현이다. 천자는 하늘의 아들이란 뜻이고 왕王은 위로 하늘(一)과 아래로 땅(一)과 가운데로 사람을 (一) 섬기는 사람이라는 뜻이며 황제는 삼황오제의 줄인 말이다. 천자나 황제나 왕은 지도자가 삼황오제와 같은 높은 덕을 갖추고 하늘의 아들이라는 무거운 책임감을 가지고 국정에 임하라는 의미를 담고 있다.

우리나라에서 대통령이란 용어가 언제부터 국가의 지도자를 지칭하는 용어로 사용되었는가. 지난 역사상에서 우리의 조상들은 대통령이란 용어를 사용한 일이 없다. 이 신조어는 일본에서 서구의 프레지던트를 잘못 번역한 것인데 이 오역된 권위주의적인 용어를 이승만이 취임하여 사용하기 시작했으며 그 의미의 부적절성에 대한 검토 없이 오늘에 이르기까지 관습적으로 사용해 오고 있는 것이다.

군주주의 사회에서 왕이 자신을 호칭할 때는 과인寡人이라고 불렀다. 덕이 부족한 사람이란 뜻이다. 그런데 대한민국에서는 정치지도자가 스스로 자신을 대통령이라고 호칭하고 있다. 자기가 국민의 위에 군림하는 대통령이라고 생각하고 호칭하면서 국정에 임하는 것과 스스로 국민을 주인으로 모시고 주인을 대신해 머슴 역할을 한다고 생각하고 호칭하면서 국정을 다스리는 것과는 천지차이이다.

전임 자들 중 취임할 때는 기대를 한 몸에 받던 분이 청와대에 들어간 후 초심을 잃어버리고 국민을 실망시켜 결국 청와대 다음 코스가 감옥행이 되었던 것은 청와대라는 호화롭고 권위적인 공간도 분명 한몫을 했을 것이다. 그러나 대통령이라는 권위주의적인 명칭이 그들을 제왕적인 군주로 만드는데 훨씬 더 큰 작용을 했을 것으로 본다.

국혼이 바로 선 나라를 만드는 것이 대한민국의 시대적 과제인데 국혼을 살리려면 일본인이 오역한 제왕적 권위주의 냄새가 물씬 풍기는 국적 없는 신조어 대통령大統領이란 호칭부터 버리고 국민의 주권을 위임받아 대신 다스린다는 대통령代統領이나 또는 국민과 크게 소통하는 지도자란 뜻의 대통령大通領과 같은 홍익인간적인 정신이 담긴 명칭으로 바꿔야 할 것이다.

3) 국사편찬위원회를 바른역사정립위원회로 개편하여 고대사교과서를 새로 편찬하자

국사편찬위원회는 우리나라 역사를 체계적으로 연구하기 위해 국가에서 설립 운영하는 최고 연구기관이다. 그러나 광복 후 국사편찬위원회의 전신인 국사관의 초대 관장을 일본 조선총독부 조선사편수회에서 수사관修史官으로 일했던 신석호씨가 맡았다. 그러니까 일제하에서 우리역사 왜곡 말살에 앞장섰던 조선총독부 조선사편수회 출신이 대한민국의 초대 국사편찬위원회 위원장이 된 셈인데 이는 한마디로 첫 단추가 잘못 끼워진 것이다. 조선총독부 조선사편수회에서 대한민국 국사편찬위원회로 간판만 바꿔 단 꼴이 된 것이다.

광복 77주년이 되었는데 아직도 한국사가 제자리를 못 잡고 식민사관이 주류를 이루고 있는 것은 국사편찬위원회가 그 가장 무거운 책임을 면하기 어렵다. 그때 만일 위당 정인보선생 같은 민족사학자가 초대 국사편찬위원장이 되어 기틀을 잡았더라면 한국사가 오늘날과 같은 일본의 식민사관을 답습하는 현상은 발생하지 않았을 것이다.

최근 30~40년 동안에 한국사를 재정립할 수 있는 새로운 많은 자료들이 국내외에서 발굴되었다. 예컨대 문헌자료로서는 중국의 청나라 건륭황제가 편찬한 『사고전서四庫全書』를 꼽을 수 있고 고고 유물로서는 내몽골 적봉시에서 발굴된 홍산문화를 들 수 있다.

지금 강단사학은 일본의 식민사학이 주장하던 단군신화, 대동강 낙랑설을 고수하며 이런 새로운 사료들을 전혀 받아들이지 않고 있는데 이는 반민족적 제2의 매국 행위에 해당한다는 사실을 명심해야 한다.

그리고 우리민족의 대륙사를 다룬 『환단고기』도 그동안 강단사학계가 이를 위서로 치부하며 일방적으로 부정해 왔는데 이제는 홍산문화나 『사고전서』와 같은 객관적인 자료를 통해서 그 가치가 재조명되고 있는 만큼 학문의 장으로 끌어들여서 공식적으로 논의하고 정식으로 연구하는 자세가 필요할 것이다.

민족혼을 되찾고 국혼을 바로 세우는 데 있어 교육보다 더 우선하는 것은 없다. 정부가 국사편찬위원회를 바른역사정립위원회로 개편하여 『사고전서』, 홍산문화, 『환단고기』와 같은 새로운 문헌, 고고학 자료를 바탕으로 한국사 교과서를 새로 편찬하고 이를 일반 국민과 청소년들에게 널리 가르칠 것을 제안한다.

4) 동북아역사재단에 민족사학자를 충원하자

동북아역사재단은 중국의 동북공정과 일본의 독도야욕, 역사교과서 왜곡문제 등 역사침략에 슬기롭게 대응하기 위해 국가에서 만든 정부산하 기관이다. 그러나 동북아역사재단이 미국의회에 제출한 동북공정 대응 자료는 중국의 동북공정 하수기관이라는 혹평을 들었고 독도를 삭제하고 제작한 동북아역사지도 사업은 중단되는 수모를 겪었다. 한마디로 동북아역사재단은 국민의 혈세만 낭비할 뿐 제 기능을 발휘하지 못하고 있는 것이다.

이는 동북아역사재단이 강단사학에 의해 장악된 결과로서 본래의 설립취지를 살리기 위해서는 민족사학이 연구인력에 대폭 충원돼야 한다. 동북아역사재단의 해체를 주장하는 의견도 있으나 강단사학과 민족사학을 동수로 구성하여 상호 보완적인 연구를 진행하는 것이 바람직한 방안이라고 생각한다. 국혼을 살리기 위해 동북아역사재단이 제 기능을 발휘하도록 하는 것이 시급히 요청된다.

5) 한국학중앙연구원을 한국정신문화연구원으로 환원시키자

한국학중앙연구원은 정부출연 연구기관이다. 본래는 한국정신문연구원이라는 이름으로 출범했다. 박정희 대통령 재임 시 현직 대통령이 설립자로 참여해 과학기술원과 함께 설립된 것을 본다면 그 의미가 특별한 연구기관이라는 것을 알 수 있다.

한국정신문화연구원은 1978년 주체적 역사관과 건전한 가치관 정립을 목표로 출범했는데 2005년 한국학중앙연구원으로 명칭을 변경함과 동시에 설립목적도 한국문화의 심층 연구 및 교육으로 바뀌었다.

지금 한국학중앙연구원이 위상에 걸맞는 기능과 역할을 다하지 못하고 있다는 평가를 듣는 이유는 두 가지라고 본다. 첫째는 연구범위가 구체적이지 않다는 것이다. 한국문화는 한국의 각 대학과 인문학자들의 연구영역으로서 한국학중앙연구원에서 하는 한국문화 연구가 다른 대학이나 연구소 학자들의 연구와 어떻게 차별화되는지 분명치 않다. 그렇다고 대만의 중앙연구원처럼 국내 굴지의 원로 학자를 초빙하여 원사院士로 특별대우하면서 명실공히 국학의 총본산 역할을 충실히 하는 것도 아니다. 그저 특징 없는 허름한 연구결과물을 쏟아낼 뿐이다.

둘째는 한국학중앙연구원의 인적구성을 살펴보면 서구의 명문대학 출신자들이 태반이다. 이들은 영어에는 능통하고 서구의 사조에는 조예가 깊을지 몰라도 한문으로 쓰여진 100년 전 한국학의 고전적古典籍에 대해서는 거의 문맹에 가까운 경우가 많다.

이런 연구자들이 주축이 되어 있는 상황에서 어떻게 한국문화의 올바른 연구가 이루어질 수 있고 또 한국학을 연구하는 중앙연구원으로서의 기능을 충실히 감당할 수 있겠는가.

한국문화라고 하면 너무 막연하므로 연구의 범위를 한국문화 전체가 아닌 초기의 설립목적대로 "주체적 역사관과 건전한 가치관 정립"으로 좁히고 한국정신, 한국혼, 한국정신문화를 전문적으로 연구 선양하는 기관으로 환원해야 한다고 본다.

그리고 한국혼, 한국의 정신문화를 연구하기 위해서는 명문대학의 박사학위 소지자뿐만 아니라 전통 서당 출신의 한문고전에 유능한 인력을 원사院士로 특채, 서양 박사와 동수로 배치하여 함께 연구를 진행하도록 해야만 연구원이 본래 출범한 소기의 목표를 달성할 수 있을 것이다.

6) 한강漢江이란 한자 표기를 한강韓江으로 바꾸고 우리 사회 곳곳에 남아 있는 사대, 식민사관의 잔재를 털어내자

대한민국 수도 서울을 가로질러 흐르는 강 이름이 한강韓江이 아니라 한강漢江이다. 우리 민족은 한韓민족이고 한민족은 역사상에서 한漢나라를 세운 일이 없다. 그런데 왜 한국인이 사는 대한민국 땅, 그것도 수도 서울 한복판에 한강漢江이란 이름이 버젓이 버티고 있는가.

한강漢江이란 이름은 한족이 중국 대륙의 주인으로 행세하던 시절 한문화의 수용과 연관이 있다고 하겠다. 그러니까 그것은 사대주의의 산물인 것이며 자랑이 아닌 것이다. 그렇다면 이런 사대주의의 산물은 광복과 함께 청산했어야 했다. 그런데 광복 77주년을 맞는 오늘날에도 한강韓江이 아닌 한강漢江이 수도 서울에 존재한다는 것은 1,000만 서울시민의 수치이자 시정을 담당하고 있는 서울시장의 직무유기가 아닐 수 없다.

비단 한강뿐 아니라. 서울시청 앞에 있는 덕수궁 정문에는 고종 때 중국에 아부하기 위해 만들어 달았던, 위대한 중국 한족의 문을 의미하는 대한문大漢門이란 커다란 간판이 지금도 걸려 있다. 북경 천안문 옆에 이런 대한문大漢門이 있다면 이해가 간다. 그런데 어떻게 21세기 대한민국의 서울시청 광장 앞에 대한문大漢門이란 간판이 걸려 있는가. 이는 한국인의 국혼이 살아 있지 않고 죽어 있다는 증거이다. 국혼이 살아 있다면 이런 일은 있을 수가 없는 것이다.

명색이 세계의 서울이란 곳이 이 꼴이니 다른 지방들은 어떻겠는가. 우리 사회 곳곳에 남아 있는 사대, 식민주의 잔재를 털어내는 것, 이것이 국혼을 살리는 중요한 출발점이 될 것이다.

7) 독립기념관을 광복기념관으로 명칭을 변경하고 국혼연수기관으로 활용하자

충남 천안에 우리의 독립을 상징하기 위해 세운 독립기념관이 있다. 1987년 개관했으며 75개 동의 건물에 관계자료 9만여 점을 전시 보존하고 있다. 독립운동에 관한 유물과 자료의 수집, 보존, 관리 및 전시를 목표로 국민 성금을 모아 건립된 기관인데 현재 본래의 취지를 살려 활발히 사용되지 못하는 상태에 있다.

선사시대부터 조선후기까지 문화유산과 역사적인 자료들을 전시해 놓은 제1 전시관부터 항일독립운동을 주제로 한 제7 전시관까지 총 7개의 전시관이 있으므로 독립운동사에 국한되지 않고 우리민족사 전반에 관한 자료를 전시하고 있다고 할 수 있다.

독립기념관은 애초에 명칭이 잘못 붙여졌다고 본다. 우리나라는 신생 독립국이 아니라 1만 년 역사를 지닌 자랑스러운 나라이다. 35년간 주권을 잃어버렸다가 다시 광복을 하였는데 독립기념관이라고 하면 마치 우리나라가 신생독립국가와 같은 인상을 준다. 그러므로 애초에 독립기념관이 아니라 광복기념관이라 명명하는 것이 옳았다.

이를 독립기념관이라 명명하고 지금까지 오류를 답습하고 있는 것은 대한민국이 국혼이 죽어 있다는 또 하나의 반증이다. 비록 늦었지만 지금이라도 광복기념관으로 명칭을 변경하는 것이 옳다고 생각한다.

선사시대부터 현대에 이르기까지 많은 자료들이 수집 전시되고 있고 기념관 안에는 겨레의 탑, 겨레의 집, 전시관, 원형극장, 순국선열어록비 등 민족의 정기를 일깨워주는 많은 건축물들이 세워져 있다.

따라서 광복기념관으로 명칭을 바꾼 다음 이러한 건축물들을 활용하여 전국의 교사, 학생, 군인, 공무원 등의 국혼을 연수시키는 기구로 재탄생시키는 방안을 강구해 보는 것도 바람직하다고 생각된다.

8) 새마을운동중앙회를 홍익운동중앙회로 탈바꿈시키자

새마을 운동은 박정희 대통령이 우리도 한번 잘살아보자고 외치며 벌인 국민운동이다. 가난한 한국을 부자나라로 탈바꿈시키는데 크게 기여했다. 다만 우리나라는 이제 세계 최빈국에서 G7이 되었다. 그런데 아직도 새마을 운동을 한다는 것은 시대에 걸맞지 않다.

제2의 새마을 운동 추진을 선언하고 생활개혁 운동과 새로운 지역공동체운동을 벌이는 등 여러 가지로 변신을 꾀하고 있으나 시대의 요구를 제대로 반영하지 못하다 보니 운동이 활성화되지 못한 채 정체상태에 있다.

새마을운동중앙회의 조직을 살펴보면 매우 방대하다. 회원단체로 새마을지도자중앙협의회, 새마을부녀회중앙연합회, 직장공장새마을운동중앙협의회, 새마을문고중앙회, 새마을금고연합회 등이 가입되어 있고 산하에 17개의 시도지부, 234개의 시군구 지회가 있다.

지금 국부를 넘어 국혼을 살리는 것이 시대적 과제인데 새마을운동중앙회를 홍익인간운동중앙회로 개편하고 그 산하조직을 홍익인간 운동을 펼치는 기구로 활용한다면 예산을 따로 낭비하지 않고서도 국혼을 살리는 엄청난 효과를 발휘할 수 있을 것이라 여긴다.

예컨대 지금 각 지역의 리 단위까지 새마을 지도자가 있는데 이들을 홍익지도자로 명패를 바꿔달게 하고 그들이 앞장서서 홍익인간 운동을 펼치도록 하면서 잘하는 사람에게는 상응하는 포상이 주어진다면 전국적으로 국혼이 살아나는 것은 어렵지 않게 가능하리라고 본다.

　전국의 새마을 운동 조직을 홍익운동 조직으로 전환하고 서로 사사로운 사익을 챙기기 위해 싸우는 것이 아니라 이익을 이웃과 나누기 위해 노력하는 홍익문화를 계승 확산시킨다면 홍익인간의 DNA를 간직한 한국인들은 적극 호응하여 국혼을 살리는 것은 들불이 요원을 불태우는 것처럼 전국적으로 쉽사리 퍼져나가게 될 것이다.

9) 역사문화부를 신설하자

　대한민국이 역사문화부를 신설해야 하는 이유는 다음과 같은 세 가지로 요약할 수 있다. 첫째는 세계 역사상에 1,000년 2,000년의 역사를 가진 나라는 있지만 5,000년 문명사를 자랑하는 나라는 우리나라가 유일하다. 또 한때 강성했던 민족이 흔적도 없이 사라진 경우가 대부분이고 우리처럼 국가와 민족과 역사를 반만년을 유지하면서 지금까지 건재하고 있는 경우는 그 유래를 찾아보기가 어렵다. 역사선진국으로서의 위상을 세계에 드러내고 그 원인을 찾아 미래 한국의 거울로 삼기 위해 그것을 전담할 부서를 정부에 두는 것이 필요하다.

　둘째 우리는 문명사 5,000년을 자랑하지만 500년의 근, 현대사를 돌아보면 사대, 식민사관의 영향을 받아 본래의 역사가 심각하게 왜곡 말살되어 있다.

단군조선은 신화이고 위만조선부터 실제 역사가 시작되었으며 따라서 출발부터 이민족의 지배를 받은 뿌리 없는 열등민족, 그리고 중국 대륙은 한번도 진출해본 적이 없는 압록강 이남을 무대로 활동한 약소민족으로 왜곡되었다.

이런 역사의 왜곡과 말살이 어제 오늘의 일이 아니고 일제 식민지 35년, 그 이전으로 거슬러 올라가면 명나라 시기까지 소급된다. 광복 후 벌써 77년의 세월이 흘렀지만 아직도 민족의 정기를 말살한 그러한 사대, 식민사관은 청산되지 않은 채 교과서에 의해서 청소년들에게 가르치고 있다.

사대, 식민사관은 그 역사가 수백년을 흘러왔기 때문에 뿌리가 깊어 쉽사리 뽑히지 않는다. 지금 우리 역사를 바로 세우는 일은 지도자의 혁명적 결단이 필요하다. 다시 말하면 역사학의 혁명이 요구되는 것이다. 따라서 한국의 역사를 바로 세우는 일은 정부가 발 벗고 나서야 하는데 전담부서를 설치하고 국혼이 살아 있는 학자를 장관으로 임명하여 대통령이 직접 힘을 실어주면서 작업을 진행할 때에만 성공을 거둘 수 있다고 보는 것이다.

셋째 우리는 지금 19세기 이념경쟁 시대, 20세기 경제경쟁 시대를 지나서 21세기 역사전쟁 시대에 살고 있다. 중국의 동북공정과 일본의 역사교과서 왜곡은 우리가 역사전쟁의 중심에 서 있다는 사실을 잘 말해준다.

중국은 이제 고구려, 부여사가 중국의 역사라고 주장하는 역사공정을 넘어서 한국의 김치와 한복이 중국이 원류라는 문화공정을 추진하고 있다. 심지어 유엔주재 중국대사까지 나서서 김치가 중국이 원조인양 유튜브를 찍어서 선전하는 것을 본다면 저들의 문화공정은 이미 세계를 향해 홍보하는 단계까지 도달했음을 보여준다.

우리가 역사전쟁 시대에 제대로 대응하기 위해서는 이를 전담할 정부기구가 반드시 필요하다. 더구나 한국의 강단사학계가 사대, 식민사학이 주류를 형성하여 중국의 동북공정과 일본의 독도야욕, 교과서 왜곡에 대응하기는커녕 오히려 이를 도와주는 꼴이 되었던 지난 사태를 고려할 때 정부안에 역사부서를 별도로 설치하여 대통령이 국정의 주요과제의 하나로 직접 챙기는 것이 절대적으로 필요한 것이다.

현재 행정부 산하에 문화체육관광부가 설치되어 문화가 체육, 관광과 함께 묶여 있는데 문화체육관광부에서 문화의 업무를 떼어다가 역사와 함께 역사문화부를 신설한다면 설립절차가 그렇게 복잡하지는 않을 것이다.

9. 맺는 말

인류의 역사는 평화와 전쟁을 되풀이하면서 발전해왔다. 지금 세계는 미, 중의 패권경쟁, 러시아의 우크라이나 침공 등으로 인해 신냉전 시대가 전개되고 있다. 한반도 역시 분단상황 속에서 북핵 위기가 해결되지 않은 채 북측이 대륙간탄도미사일을 발사하는 등 긴장 상태가 지속되고 있다.

최근의 한국정치는 좌파가 정권을 잡으면 우측이 반신불수가 되고 우파가 정권을 잡으면 좌측이 반신불수가 되어 반쪼가리 대통령, 반신불수 대통령을 면치 못했다. 좌,우파의 대립이 촛불과 태극기로 나뉘어 심각한 상황 속에서 제20대 4, 9 대선을 통해 좌파에서 우파로의 리더십의 교체가 이루어졌다. 국내외적으로 새로운 질서가 요구되는 역사의 변곡점에서 윤석열 정부가 출범하게 된 것이다.

국제질서의 재편과 국내의 좌, 우파 대립이 심각한 가운데 이번에 선출된 윤석열 대통령당선인은 지난 정부의 성공과 실패를 거울삼아 지지자와 비지지자를 나누지 말고 홍익인간 정신으로 다 품어 안아서 우파대통령이 아닌 대한민국의 대통령으로서 국정운영에 임해야할 것이다.

윤당선인은 국부를 넘어서 국혼이 바로 선 나라를 만든다는 명확한 시대인식을 가지고 한국인을 수천년 동안 이끌어온 홍익인간 정신을 잘 되살려 경제적으로 번영하고 정신적으로 평화로운 홍익인간의 나라 한국을 건설해 주기를 바란다.

그리고 윤석열정부는 글로벌적 리더십을 가지고 인류애의 보편적 가치를 지닌 홍익인간 정신을 널리 확산시켜 세계평화를 선도하는 모범국가 한국으로 우뚝 서는 계기가 마련될 수 있도록 적극 노력해주기를 기대한다.

경연經筵 제도 부활하여
대통령 중심제 결함 보완하자

매일신문 2025. 3. 25

1. 제왕학 교육을 체계적으로 시행하기 위한
   동양의 경연제도

『대학大學』이란 책은 원래 고대 제왕들의 제왕학 수업을 위한 필수 교제였다. 송대에 주희가 이를 공자의 저서로 규정하여 사서四書에 포함시는 바람에 유학자의 기본 교재가 되었다.

"수신, 제가, 치국, 평천하"가 『대학』에서 강조하는 기본 요지인데 그 결론은 "천자로부터 일반 백성에 이르기까지 한결같이 다 수신으로써 근본을 삼는다.(自天子 而至於庶人 壹是皆以修身爲本)"라는 것이다.

『대학』에서 말한 수신을 현대적으로 표현하면 "자기 완성(修己)"이다. 이 완성된 인격을 확대 보편화시키는 것이 "제가, 치국, 평천하(治人)"이다.

『대학』이 제시하는 수신을 위한 구체적인 방법론은 무엇인가. 격물格物, 치지致知, 성의誠意, 정심正心이다.

이를 알기 쉽게 설명하면 격물, 치지는 지식과 지혜의 극대화이다. 성의는 자기 자신을 속이지 않고(毋自欺), 남이 보고 듣지 않는 곳에서도 신중하게 행동하는 것이다(愼獨). 정심은 마음이 언제나 어느 한쪽에 편중되지 않고 중립적인 공정한 상태를 유지하는 것이다.

『대학』에서 말한 수신은 간단히 요약하면 인간이 지식과 지혜를 겸비하고 언행이 일치하는 고매한 인격을 갖추는 것을 가리킨다.

고대의 제왕은 태어나면서부터 천하 통치의 권력을 소유했다. 그러나 모든 제왕이 태어나면서부터 천하 통치의 인격과 능력을 갖추고 태어나는 것은 아니다. 후천적인 부단한 학습과 피나는 수련, 즉 수신의 과정을 통해서만이 인격이 도야되고 능력은 향상된다.

만백성의 본보기가 되어야 하는 제왕에게 있어 수신은 일반 백성들보다도 훨씬 더 중요하다. 여기서 제왕학 교육을 체계적으로 실시하기 위한 경연제도가 출현하게 되었다.

왕이 될 사람이나 또는 왕이 된 사람에게 제왕학을 훈련시키고 학습시키는 경연제도는 법치法治를 존중하는 서구사회에서는 이런 제도가 없었다. 인치人治를 중시하는 동양에만 존재하는 특수한 교육제도이다.

2. 중국의 경연제도는 몹시 허술했다

제왕의 어전에서 경사經史를 강론한 경우는 한, 당 이래 흔히 있어 왔다. 그러나 그것이 경연이란 이름 아래 제도적으로 정착된 것은 송나라 때부터이다.

경연제도는 송대에 이르러 고정적인 강관이 설치되고 수강일정, 수강과목 등이 정해졌으며 또한 경연을 위한 전속의식이 행해졌다. 임금의 덕성을 함양하고(養君德), 임금의 마음을 공정하게 하기 위한 목적에서(正君心), 학습의 교재는 유가의 경전과 역사 서적이 채택되었다.

그러나 송나라 이후 원나라, 금나라 시대를 거치면서 경연제도는 크게 진전이 없었다. 뒤에 명나라 장거정(張居正·1525~1582)이 경연의 개혁작업에 착수하여 1년을 두 분기로 나누어 상반기에 춘강春講, 하반기에 추강秋講을 하되 춘강은 2월에 시작하고 추강은 8월에 시작하며 매 학기마다 기간은 3개월로 정하였다. 매월 2일, 12일, 22일 3차에 걸쳐서 강의를 진행하고 강의 장소는 문화전文華殿에서 하도록 규정하였다. 경연을 개최 할 때에는 조정의 중신들은 거의 전원 참가하였다.

황제를 고대의 성제聖帝 명왕明王처럼 훌륭하게 만드는 것을 목표로 교육이 이루어지는 것이 경연제도의 핵심이지만 일정한 정도상에서 황제의 권한을 제약하는 의미도 수반되었다.

따라서 권력을 마음대로 휘두르기를 바라는 제왕들에게는 경연제도가 그다지 반가운 것이 아니었다. 경연이 창립된 이후 중국 역대왕조에서 경연제도가 적극적으로 발전하지 못하고 허술하게 운영되어온 중요한 이유 중의 하나가 바로 여기에 있다고 하겠다.

3. 고려 때 경연을 설치한 목적

중국과 달리 우리 나라에서는 경연제도가 크게 발전한 것을 볼 수 있다. 『증보문헌비고』 직관고職官考의 기록에 따르면 고려 인종 때 유신들과 학문을 강론하기 위해 최초로 서적소書籍所를 설치했고 충목왕 때 서연관書筵官을 설치했다. 공양왕 때 서연을 경연이라 명칭을 바꾸고 영경연사, 지경연사, 강독관 등을 배치했다. 이것이 우리 역사상 경연제도의 공식적인 출발이다.

다음의 기록은 고려 때 경연을 설치한 목적이 어디에 있었는가를 잘 보여준다. "공양왕 2년에 경연관을 설치하고 심덕부를 영경연사로, 정몽주, 정도전을 지경연사로 삼았다. 왕이 『정관정요』를 보고자 하여 정몽주에게 그 서문을 읽도록 명했다. 강독관 윤소종尹紹宗이 나아가 말하기를, '전하께서 중흥함에 있어 마땅히 2제, 3왕을 본보기로 삼아야 하며 당 태종은 족히 취할 것이 없습니다. 청컨대 『대학연의大學衍義』를 읽어서 제왕의 정치를 천명하소서'하니, 왕이 '그렇게 여겼다.'"

이 기록은 우리에게 고려의 왕들을 중국의 2제, 3왕, 즉 요제, 순제, 우왕, 탕왕, 문왕 무왕과 같은 성군으로 만들려고 했던 것이 고려때 경연을 설치한 목적임과 아울러서 심덕부, 정몽주, 정도전 같은 당대 최고의 학식과 인품을 겸비한 인물들이 경연관에 참여한 사실을 알려준다.

4. 수업하는 학생의 삶 영위한 조선의 왕들

한양조선의 개국과 함께 태조 이성계는 경연의 중요성을 인식하고 경연관에 영사 1명, 지사 2명, 동지사 2명, 참찬관 5명,

강독관 4명, 검토관 2명, 부검토관 2명을 배정하여 고려에 비해 경연의 인적자원을 대폭 강화시켰다.

세종 2년에는 경연청經筵廳을 설치했다. 이는 고정적인 강의 전담기구를 마련한 것으로서 세종 때 경연을 체계적으로 운영하기 위한 전문 정부기구를 출범시킨 것이라 볼 수 있다.

그리고 세종은 영사를 3명, 지사를 3명, 참찬관을 7명으로 늘리고 기타 시강관, 시독관, 검토관 등 하위 직급도 대폭 확대 보강하였다. 다만 이들 경연관은 실력 있는 문관들로 하여금 겸직토록 하는 경우가 많았다.

세종은 매일 편전에 나가 정무를 처리한 다음에는 곧바로 경연으로 자리를 옮겼다. 태종을 모시고 밖으로 출타하는 특수한 일 외에는 잠시도 폐강을 하지 않았다. 경서는 반드시 100번 이상을 읽었고 제자백가나 역사서(子史)는 반드시 20번 이상 읽었다. 심지어는 상중에도 경연을 폐지하는 일은 없었다.

성종 때는 특진관 제도를 마련하였고 효종 때는 초야에 묻혀 있다가 발탁되어 올라온 인물들에 대해 경연관을 겸직하도록 특명을 내렸다.

경연에 참여한 역대 인물들의 면면을 보면 조광조, 이황, 이이, 성혼, 송시열 등 조선을 대표하는 학자들은 거의 모두 경연관 출신이었다. 이황은 지경연사, 성혼은 경연 참찬관, 송시열은 영경연사로 참여했다. 경연은 초야에 묻혀있는 숨은 실력자를 파격적으로 발탁하는 통로가 되기도 하였다. 율곡이 경연에 참여했을 때 쓴 일기를 정리한 것이 『경연일기』이다.

중국에서는 1년에 두 번 춘추로 나누어 3개월씩 경연을 개강했지만 조선에서는 1년 사시사철 매월 개강을 했다.

중국에서는 한 달에 세 번 2일, 12일, 22일 경연을 열었지만 한양조선에서는 매일 경연을 열었다. 뿐만 아니라 하루에도 한번 강의로 끝나는 것이 아니고 아침에 조강, 점심에 주강, 저녁에 석강 하루 3차례 강의를 열었다.

조선의 왕들은 삼복더위에도 경연을 휴강하는 일은 없었다. 부모의 상중에도 경연은 중단되지 않았다. 심지어는 국가에 변란이 발생하여 국문을 하는 중에도 경연은 폐강하지 않았다.

이런 완벽한 제왕학 교육제도 속에서 조선의 왕들은 연산군과 같은 특수한 경우를 제외하고는 성현의 경전과 고대의 역사를 배우는 가운데 몸과 마음이 수양되었고 그것이 바탕이 되어 제가, 치국, 평천하가 가능하게 되었던 것이다.

당대 최고의 학자들을 모셔다가 그들이 평생 공부한 정수를 물려받는 가운데 조선의 왕들은 인격이 도야 되고 경륜이 쌓여갔다.

경서와 역사서, 특히 『대학연의』, 『정관정요』, 『자치통감』,

『동국통감』, 『성학집요』 등과 같은 제왕학 교재를 바탕으로 요즘 입시생들보다 더 치열하게 제왕학을 공부했던 조선의 왕들은 경연제도를 통해 왕다운 왕으로 성장 발전할 수 있었던 것이다.

5. 한양조선 왕조가 500년을 유지한 원동력은 선진적인 경연 제도에 있었다

중국의 왕조는 한, 당 이후 송, 원, 명, 청이 모두 300년을 넘기지 못했다. 지금 대한민국 대통령은 5년 임기도 제대로 다 채우지 못하고 중간에 낙마하거나 감옥에 가는 일이 벌어진다.

그런데 조선왕조에서는 정권을 세습하면서 500년 동안 권력을 안정적으로 유지했던 이유가 과연 무엇일까. 그 가장 중요한 이유가 선진적인 제왕학 교육제도인 경연에 있었다고 본다.

조선의 다른 모든 정부 기구는 신하가 최고 권력자인 임금을 받드는 하부기관이었다. 그러나 경연은 달랐다. 임금이 스승을 모시고 배우는 사부師傅의 기관이었다.

우리는 조선의 왕들은 여유와 낭만을 즐기며 한평생 호화로운 삶을 살다가 갔을 것으로 여기기 쉽다. 그러나 학덕을 겸비한 당대 최고의 훌륭한 스승을 모시고 평생 제왕학을 공부하며 수업하는 학생으로서의 삶을 영위한 것이 조선의 왕이었고 그것을 제도적으로 뒷받침한 것이 경연이었다.

조선왕조가 500년을 끄떡없이 유지할 수 있었던 원동력은 바로 이 선진적인 경연제도에 있었다고 하겠다.

6. 경연 제도를 부활하여 대통령 중심제의 결함을 보완하자

전두환 전 대통령이 퇴임 후에 어떤 한학자로부터 동양 민본정치의 기본 교재라 할 수 있는 『맹자』를 공부했는데 그가 일찍이 『맹자』를 배우지 못한 것을 후회했다는 내용이 언론에 보도된 일이 있다.

쉽게 정권을 손에 쥔 윤석열 대통령도 집권 후 제왕학 수업에 충실했더라면 오늘날과 같은 고난의 길을 걷지 않았을 수도 있다. 전 현직 한국 대통령들의 비참한 말로를 보면서 대통령 중심제의 한계와 그 보완이 절실함을 느낀다.

지금 1987년 체제인 제왕적 대통령제의 한계를 지적하며 개헌논의가 활발하다. 그러나 맹자는 "착한 마음만으로 좋은 정치를 할 수 없고 좋은 제도만으로 좋은 정치가 이루어지지 않는다(徒善不足以爲政 徒法不能以自行)"라고 잘라 말했다. 아무리 좋은 제도를 만들어 놓은들 그것을 운용하는 사람이 함량 미달이면 좋은 정치는 기대하기 어렵다.

　대통령실 안에 군주시대의 경연제도를 민주시대에 알맞게 창조적으로 승화시킨 대통령학 교육 특별기구를 설치할 것을 제안한다.

제3장

대한민국 교육의 방향

고조선의 홍익인간 정신과 대한민국 교육의 방향

국학원 세미나 발표 2022. 3. 11

1. 머리말

플라톤은 『국가론』에서 "교육이 어느 방향으로 인간을 출발 시키느냐에 따라서 그 사람의 장래가 결정된다."고 말했다. 어디 비단 한 개인의 장래뿐이겠는가. 국가의 장래도 교육의 방향 여하에 따라서 결정된다. 국민의 교육에 그 나라의 운명이 달려 있다. 그런 점에서 교육은 경제와 함께 국가정책의 가장 우선 순위가 되어야 하는 것이다.

근세 한국교육의 발전상을 돌아보면 대략 3단계로 나누어 설명할 수 있다고 본다.

유교 교육시기, 한양조선으로부터 ~ 구한 말까지
일본 식민지 교육시기, 일제침략으로부터 ~ 광복까지

서구화 교육 시기, 광복으로부터 ~ 오늘에 이르기까지

한양조선의 교육은 유교의 충효사상이 교육의 핵심이었다. 한국의 고유한 역사, 문화, 철학에 대한 교육은 배제된 채 중국 주자의 성리학을 국가의 지도이념으로 표방하면서『사서삼경』을 교재로 학습이 이루어졌기 때문에 사회 전반에 중화 중심의 사대 모화사상이 자연스럽게 조성될 수 밖에 없었다.

일제는 식민통치를 강화하기 위해 총독부 산하에 조선사편수회를 설치하고 고조선사를 신화화한『조선사』35권을 새로 편찬하여 35년 동안 한민족의 민족혼을 말살하는 황국 식민교육을 실시했다. 여기서 식민사관이 형성된 것이다.

광복 후에는 한양조선에서 조성된 사대사관과 일제에 의해 형성된 식민사관을 제대로 청산할 겨를도 없이 무비판적인 서구화가 진행되었다. 예컨대 한국의 최고학부를 자랑하는 서울대학교의 철학과 사학과 문학과는 교육과정이 서양철학, 서양사학, 서양문학이 주류를 이루고 있는 것이 그 하나의 좋은 방증이라고 할 것이다.

한국은 올해로 광복 77주년을 맞이하게 된다. 그동안 우리는 뒤돌아볼 겨를도 없이 앞만 보고 달려왔다. 경제를 발전시켜 세계 최빈국에서 무역 10대 국가로 도약시켰고 정치를 민주화하여 세계의 선진국 대열에 진입했다. 2차대전 이후 산업화와 민주화를 동시에 이룩하여 세계적으로 부러워하는 나라가 된 것이다.

그러면 이제 한국이 당면한 다음 과제는 무엇인가. 중화중심의 사대주의, 민족혼을 말살한 일제의 식민사관, 무비판적 서구 지향화를 타파하고 교과서를 개정하여 한국 혼이 살아있는 교육, 뿌리가 깊은 국적 있는 교육, 즉 경제혁명과 정치혁명을 넘어 교육혁명을 이룩하는 것이 이 시대 한국인에게 주어진 시대적 사명이라 할 것이다.

2. 환국桓國의 개국이념 홍익인간

우리의 첫 국가는 단군의 고조선이 아니라 환인, 환웅의 환국이다. 환인의 아들 환웅이 태백산에 내려와 "홍익인간"을 건국이념으로 하여 개국했다고 『삼국유사』에 기록되어 있다.

대한민국 임시정부의 건국강령에는 홍익인간 이화세계가 우리민족의 최고 공리公理로 천명되어 있고 광복 후 제정된 교육기본법에는 홍익인간이 교육이념으로 명시되어 있다. 이는 홍익인간이 환국, 고조선으로부터 오늘에까지 이어진 한국정신의 뿌리임을 잘 말해준다.

교육이란 무엇인가 동한시대의 학자 허신의 『설문해자』에 따르면 그 의미를 다음과 같이 정의하고 있다. "교는 윗사람이 시행한 것을 아랫사람이 본받는 것이고 육은 자식을 선량한 사람으로 양육하는 것이다.(敎上所施 下所效 育養子作善也)" 말이 아닌 몸소 실천하는 본보기를 통해서 자식을 선량한 사람으로 만드는 것이 교육이 추구하는 기본정신임을 알 수가 있다.

인간을 널리 이롭게 하라는 "홍익인간" 네 글자에는 이익을 혼자 독점하지 말고 자기 민족과 자기 자손을 넘어 인류와 함께 나누라는 공생, 공선의 이상과 철학이 담겨 있다. 나 자신이나 또는 내 자손만 잘 먹고 잘사는데 그치지 않고 온 인류가 함께 평화를 누리며 선량하게 살고자 하는 숭고한 교육이념이 내재되어 있다.

그러므로 홍익인간은 수천년 동안 개국이념이자 교육이념으로 우리민족을 향상 발전시키는 정신적 지주가 되어 왔고 오늘날에도 그대로 계승되어 교육기본법 제2조에 교육이념으로 못 박혀 있는 것이다. 그런데 최근 일부 몰지각한 몇몇 국회의원들이 교육기본법에서 홍익인간을 삭제하자는 교육기본법 개정안을 입법예고 해서 물의를 빚은 일이 있다.

명색이 국정을 논하는 국회의원이란 이들의 이러한 철없는 경거망동은 우리나라가 광복 후 사대주의, 식민사관, 무비판적 서구화를 타파하여, 한국혼이 살아 있는 국적 있는 교육을 시행하지 못한 것을 반영하는 단적인 사례로서, 경제혁명, 정치혁명을 넘어 교육혁명을 이룩하는 것이 이 시대 한국인에게 주어진 시대적 사명임을 전 국민들에게 일깨워준 좋은 계기가 되었다고 할 것이다.

3. 홍익인간의 철학을 담은 『천부경』 81자

홍익인간이 우리민족의 개국이념이라고 하지만 이 네 글자만으로는 그 구체적인 개념을 파악하기가 쉽지 않다. 그러면 이 홍익인간의 정신을 구체화하여 설명한 우리민족의 고유한 어떤 경전이 있는가.

환웅천왕의 개국이념은 "홍익인간 재세이화"로 요약된다. 홍익인간은 개국의 기본정신이고 재세이화는 이를 세상에서 실천하는 방법론이라 할 수 있다. 그런데 이 위대한 홍익인간의 정신을 다시 81자로 부연 설명한 것이 바로 『천부경』이다.

『천부경』은 언제 누구에 의해서 만들어진 경전인가. 제단,

여신전, 적석총으로 상징되는 내몽고 적봉시의 홍산문화를 일군 주역인 치우천왕시대의 경전이라고 말할 수 있다. 왜냐하면 치우천왕은 상고시대 동이족의 발상지인 갈석산의 신이자 천부의 신이라고 『사고전서』에 기록되어 있기 때문이다.

중국의 『음부경』은 이를 『황제음부경』이라고 말하지만 사실 이를 입증할 아무런 근거가 없다. 그러나 『천부경』은 치우천왕시대의 기록임을 뒷받침할 수 있는 여러 문헌적 근거가 『사고전서』 안에 있다. 그러므로 우리는 『천부경』을 『치우천부경』이라고 호칭하는 것이 사리에 맞다고 하겠다.

유, 불, 도 삼교사상이 세상에 나오기 이전, 선가사상의 최초의 경전인 『천부경』에서는 우주와 인생의 대원리를 시작도 끝도 없는 '무시무종無始無終'으로 규정하고 그것이 지닌 운행법칙을 2분법적 음양 논리가 아닌 음과 양이 만나 다시 새로운 하나가 창조되는 삼극三極 즉 3.1의 원리를 들어 설명했다. 이것이 『천부경』의 홍익인간 철학이 동서의 다른 철학과 구별되는 원인이다.

동양의 정신세계를 2,500년 동안 이끌어온 유교, 불교, 도교 사상은 이 3.1의 『천부경』 철학이 모태가 되어 생성 발전된 것이다. 신라의 최치원도 일찍이 난랑비鸞郞碑 서문에서 언급한 바 있지만 부모에게 효도하고 어른을 공경하라는 유교의 효경사상, 나쁜 짓 하지 말고 착하게 살라는 불교의 자비사상, 무위로 일을 처리하고 불언不言의 가르침을 행하라는 도가의 무위자연 사상은 선가의 『천부경』 3.1철학 사상에서 흘러나온 지류요 뻗어 나간 가지인 것이다.

그러면 우리는 『천부경』을 홍익인간 정신을 부연 설명한 경전으로 보는 명확한 근거를 어디서 찾을 수 있는가. 『천부경』은 사람을 하늘과 땅과 동일한 위대한 존재라고 다음과 같이 설명했다. "본심本心은 본태양本太陽이라 앙명昂明하니 인중천지일人中天地一이니라." 글자는 열 두자 밖에 안되는 짧은 문장이지만 그러나 여기에는 인간이 왜 위대한 존재인가 하는 그 원인과 또한 사람이 어떻게 살아야 하는가 하는 그 방법론까지 밝혀져 있다.

인간은 누구나 태양처럼 높고 밝은 본심을 소유한 하늘 땅과 같은 위대한 존재이다. 부처나 예수, 공자 같은 성인들뿐만 아니라 모든 인간은 곧 하늘, 땅과 같은 위대한 존재이므로 인생을 개, 돼지처럼 막살 수는 없는 일이다. 나도 신성한 존재이지만 한 사람 한 사람 모두가 신성한 존재이므로 서로 사랑하고 이익을 공유하고 선을 실천하면서 홍익인간의 삶을 살아야 하는 것이다.

서구에서는 인간을 동물적 존재의 하나로 인식하는 사조가 주류를 이루었다. "인간은 사회적 동물이다.", "인간은 정치적 동물이다.", "인간은 종교적 동물이다."라는 주장들은 그것을 잘 반영하고 있다. 그러다가 근대 교육학의 선구자라 할수 있는 루소가 "인간은 본래 선하지만 사회와 문명 때문에 타락한다." 라고 말하여 겨우 300년 전에 인간의 본래적 선에 주목했다.

동양에서는 2,400년 전에 맹자가 이미 인간은 본래 선량한 존재라는 성선설性善說을 제기했고 2,500년 전 공자는 "인간은 본성적으로 보면 큰 차이가 없지만 습관에 따라 서로 격차가 생기게 되며(性相近 習相遠)" "교육을 통해서 모든 인간은 평등한 존재로 된다.(有敎無類)"라고 주장하였다. 불교에서는 "천상천하에서 오직 우리 인류가 존귀한 존재이다.(天上天下 唯我獨尊)"라고 설파하였고 노자는 "하늘이 위대하고 땅이 위대하고 인간이 또한 위대하다.(天大 地大 人亦大)"라고 강조하였다.

그러나 치우천왕의 『천부경』에서는 이미 5,500년 전에 "인간은 하늘과 땅과 동일한 존재이다.(人中天地一)"라고 말한 것이다. 공자, 맹자, 석가, 노자 이전 동서사상의 원류에 우리민족의 경전 『천부경』의 "인중천지일人中天地一"의 위대한 철학이 존재하는 것이니 이 얼마나 자랑스러운 일인가.

『천부경』의 "인중천지일"에는 인간은 누구나 태양처럼 높고 밝은 본심을 소유한 하나님과 동일한 존재이기 때문에, 서로 공생, 공존, 공익을 추구하며 살아야 한다는 홍익인간의 근본 원리, 홍익인간을 실천해야 하는 당위성이 천명되어 있다 할 것이다.

4. 홍익인간을 실천하는 아홉가지 방법론을 설명한 『홍범구주洪範九疇』

『홍범구주』는 유가 『삼경三經』 중의 하나인 『서경書經』에 실려 있는 편명篇名 즉 한 편의 고전 명칭이다. 따라서 우리는 수천년 동안 이를 중국의 경전으로 인식해왔다. 그러나 『홍범구주』는 본래 화하족의 경전이 아니라 동이족 특히 환국, 밝조선의 고유경전이었는데 뒤에 중국 한족들이 자료를 수집하여 다시 편찬하는 과정에서 중국의 경전으로 잘못 포함되게 되었다고 본다.

『홍범구주』가 화하족의 경전이 아니라 본래 동이족의 경전이었다는 사실은 이 책의 최초 전수자가 동이족 은나라의 왕자였던 기자箕子라는 사실이 잘 말해준다. 현재 전하는 『서경』 홍범의 서두에는 은나라를 멸망시킨 서주 무왕이 13년(서기전 1122)에 기자를 방문하여 자신은 무지하다고 몸을 한껏 낮추며

겸손한 자세로 국가경영에 대해 자문을 구하자 기자가 주무왕에게 『홍범구주』를 전해준 것으로 기록되어 있다.

그런데 우리가 주목할 것은 거기 『서경』의 홍범 서두에 "하늘이 하나라의 우임금에게 『홍범구주』를 내려주었다.(天乃錫禹洪範九疇)"라고 말하여 『홍범구주』가 본래 화하족의 경전이라고 천명한 내용이 들어 있다는 사실이다.

그러나 『홍범구주』의 본문이 아닌 서두 부분은 기자의 원래 홍범과는 무관한 『서경』의 편찬자가 뒤에 이 편장을 『서경』에 삽입하면서 추가한 내용임을 간파해야 한다.

춘추시대에 공자가 "산시서 정예악刪詩書 定禮樂" 즉 시서와 예악을 다시 편정했다. 따라서 그것이 공자가 『서경』을 편찬할 때 추가한 내용인지 아니면 진시황의 분서焚書를 겪은 뒤에 한漢나라의 유생들이 『서경』 관련 자료를 수집하여 재편집하면서 추가된 것인지 그 정확한 내막은 알 길이 없다. 하지만 『홍범구주』의 서두 부분은 기자가 무왕에게 전달한 본문이 아니고 뒷사람들이 추가한 것이 확실하다.

그렇다면 "『홍범구주』를 하나라의 우임금이 하늘로부터 전해받았다."라는 내용은 화하족을 중국 역사의 주역으로 등장시키고자 했던 공자의 "존화양이尊華攘夷"사상의 산물이며 역사의 진실이 아니라고 하겠다.

『홍범구주』는 그 내용을 살펴보면 『천부경』의 홍익인간 3.1철학을 현실세계에서 구현하기 위한 구체적인 아홉가지 방법론을 담고 있다. 환국과 밝조선의 홍익인간 개국이념이 『천부경』의 3.1철학으로 계승되고 다시 『홍범구주』의 아홉가지 방법론으로 구체화되었으며 동이족들은 이를 바탕으로 국가를 다스리고 천하를 경영했던 것이다.

서주西周시대에 이르러 화하족의 무왕이 중원의 새로운 주역으로 등장하여 국가를 경영하는 방법론에 대해 간절히 자문을 구하자 은나라의 태사, 요즘으로 말하면 은나라 국정자문위원장의 지위에 있었던 기자가 『홍범구주』를 간직하고 있다가 그가 비록 적국의 지도자지만 홍익인간 정신을 발휘하여 주무왕에게 전해준 것이다.

기자라는 인물에 대해서는 두 가지 설이 있다. 그가 본래 고조선 사람이었는데 은나라에 가서 벼슬을 하다가 은나라가 망하자 다시 자기 고국으로 돌아 왔다는 설이 있고 또 은나라는 동이족 국가인데 은나라가 화하족에 의해서 멸망하자 자기의 동족인 고조선으로 망명을 해왔다는 설이 있다.(임혜상, 『중국민족사』 맥족장 참조)

한국 강단사학계에서 기자조선을 부정하고 있는데 기자조선이 단군조선을 계승하지 않은 것은 확실하다. 기자가 대동강 유역 평양에 와서 단군조선을 대체한 사실은 없는 것이다. 그러나 기자라는 인물은 실재했고 그는 은나라가 망하자 발해 유역에 있던 발해조선의 서쪽 지역 지금의 하북성 진황도시 노룡현 부근에 와서 거주했으며 그 유적이 송나라 시대 까지도 남아 있었다. 그와 관련된 상세한 기록은 송나라 4대 사서 중의 하나인『태평환우기』에 실려 있다.

기자는 은나라의 국정을 자문하는 국사國師의 위치에 있었기 때문에 이런 동이 민족의 개국이념인 홍익인간, 재세이화의 정치철학을 담은 고유경전이 그에게 전승되었던 것이고 그가 홍익인간 정신을 발휘하여 중원의 새 주인인 주무왕에게 그것을 전해주었지만, 은나라를 떠나 조선으로 오면서『홍범』을 가지고 오지 않았을 리는 만무한 것이다.

당연히 기자는 발해조선에 와서 민족 경전인『홍범구주』를 바탕으로 홍익정치를 하는데 기여했던 것이고 그래서 홍익인간 정신이 살아 숨 쉬는 이 나라를 공자는 군자의 나라로 칭송했던 것이며(君子居之『논어』) 만년에는 그가 그토록 사모했던 중원을 떠나 구이九夷들이 평화롭게 모여 사는 군자의 나라 발해조선에 가서 살고 싶다고 말했던 것이다.(欲居九夷『논어』)

그런데 홍익인간의 구현을 위한 아홉 가지 구체적인 방법론이 담겨 있는 이『홍범구주』가 유가의 경전인『서경』에 포함됨으로 인해서 수천년 동안 한족의 경전으로 오인하게 된 것이다. 하지만 홍범이라는 두 글자에는 홍익인간의 모범이라는 뜻이, 구주에는 아홉 가지 방법론이라는 뜻이 담겨 있다. 그러므로 『홍범구주』라는 책은 홍익인간의 실현을 위한 아홉가지 방법론이라는 것을 무엇보다 책의 제목이 잘 설명하고 있다고 하겠다.

『천부경』, 『산해경』의 『해내경』, 『서경』의 『홍범구주』 이러한 책들은 모두 환국, 발해조선의 고유한 경전이었다. 그런데 공자에 의해 『시경』, 『서경』이 재편찬되고 또한 진시황의 분시서焚詩書를 겪은 이후 한漢나라의 유생들에 의해 고대 경전이 재편집되는 과정에서 이러한 동이족의 경전들이 화하족의 경전으로 대거 편입되게 되었다고 본다. 앞으로 한국인들은 『홍범구주』를 『천부경』과 함께 우리 민족 고유의 경전으로 환원시켜 국민 경전으로 널리 독송하도록 해야할 것이다.

아래에서 이해를 돕기 위해 『홍범구주』의 내용을 간단히 살펴보면 1 오행五行, 2 오사五事, 3 팔정八政, 4 오기五紀, 5 황극皇極, 6 삼덕三德, 7 계의稽疑, 8 서징庶徵, 9 오복 육극五福 六極으로 구성되어 있다.

1 '오행'은 수, 화, 목, 금, 토의 오행이 지니고 있는 각기 다

른 속성 즉 우주의 운행원리를 설명하였다.

2 '오사'는 사람의 몸가짐, 보고, 듣고, 말하고, 생각하는 다섯 가지 일 즉 사람은 어떻게 살아야 하는 것인지를 설명하였다.

3 '팔정'은 정치의 요체를 식食, 재화財貨, 제사, 건축, 교육, 사법, 외교, 군사 8가지로 분류하여 설명한 것인데, 백성들의 먹고사는 문제와 재화 즉 식食, 화貨를 가장 앞세우고 군사문제를 가장 뒷전으로 배치한 것이 주목을 끈다.

4 '오기'는 세歲, 월月, 일日, 성신星辰, 역수曆數와 상호 협조를 이루고 일치해야 함을 말한 것이고

5 황극은 정치지도자가 불편부당한 자세로 만백성의 표준이 되어야 함을 말하였다.

6 '삼덕'은 지도자가 백성을 다스리는데 있어서 정직을 본위로 하되 동시에 강함과 부드러움을 병행해야 함을 말한 것이다.

7 '계의'는 정치지도자가 국정을 독단적으로 운용하지 말고 귀복龜卜과 서점筮占을 통해 하늘의 뜻을 묻고 동시에 여러 관료와 백성, 자기의 의견을 참고하여 판단하고 결정할 것을 말하였다.

8 '서징'은 날씨가 흐리고 맑고 따뜻하고 춥고 바람부는 상태

(雨, 晴, 暖, 寒, 風) 즉 기후변화를 통해서 그해의 풍흉을 잘 판단하라는 것이다.

9 '오복, 육극'은 수壽, 부富, 강녕康寧, 호덕好德, 선종善終 오복을 통해서 사람들에게 착하게 살라고 권유한 것이고 요절, 다병, 우수, 빈궁, 추악, 나약 등 육극을 통해서 사람들에게 악한 일을 하지 말라고 경계한 것이다.

홍범구주가 다루고 있는 내용은 매우 광범위하다. 철학으로부터 정치, 경제, 교육, 종교에 이르기까지 국가를 다스리고 천하를 경영하는 데 있어 반드시 준수해야 할 중요한 문제들을 거의 다 포괄하고 있다.

『홍범구주』는 오행설, 대동세계의 이상, 하늘을 섬기는 도리, 팔정과 황극과 삼덕의 정치사상, 오복, 육극의 종교적 논리 등 동양사상 전반을 망라하고 있으므로 수신 제가 치국 평천하로 상징되는 유가사상의 원류가 됨은 물론 무위자연의 도가사상, 대자대비의 불교사상도 결국은『홍범구주』의 범주에서 벗어나지 않는다.

선가의 풍류도 즉 홍익인간의 밝달도가 동양의 유, 불, 도 삼교를 포함한 사상이라고 최치원이 일찍이 설파한 바 있는데 그 이유가 여기에 있는 것이다.

『홍범구주』는 홍익인간 재세이화의 이상을 실현하는 구체적인 청사진이다. 중원의 다른 민족들은 왕조가 새로 서면 대체로 300년을 넘기기가 어려웠는데 환국, 밝조선의 후손들은 발해조선 이후에 한번 나라를 세우면 길게는 2,000년 1,000년, 짧게는 500년 700년을 평화 속에서 정권이 유지될 수 있었던 것은 바로 이런 『홍범구주』와 같은 홍익인간 이상을 담은 위대한 민족 경전이 존재했기에 가능했던 것이라고 하겠다.

그런데 한나라 당나라 이후 이런 위대한 우리 민족의 고유 경전들이 한족의 경전에 포함됨으로써 우리는 그것을 까마득히 잃어버렸고 따라서 홍익인간의 민족정신도 약화되게 되었다. 이것이 뒷날 우리 민족이 중국의 중심민족에서 주변의 아류민족으로 전락하게 된 가장 근본적인 요인이 되었다고 하겠다.

5. 대한민국의 교육이 나아갈 방향

1) 국부國富를 넘어 국혼國魂의 시대

대한민국의 경제 규모는 G10에 도달했다. 30~50클럽, 즉 인구 5천만 명에 3만 불 이상의 소득을 올리는 세계 7대 선진국의 영예를 누리고 있다. 그러나 한편 세계 최대 자살률, 최대 이혼율, 최저 출산율이라는 불명예도 함께 안고 있다. 경제적으로는 세계가 부러워하는 나라로 발전했지만 정신적으로는 세계로부터 존경받지 못하는 나라가 된 것이다.

그러면 오늘의 한국이 이와 같은 명과 암이 교차하는 현상을 타파하기 위해서 어떤 대책을 세워야 하는가. 우리는 먼저 물질적, 양적 성장의 시대를 지나서 정신적 질적 성숙의 시대에 접어들었다는 시대 인식의 전환이 필요하다. 즉 60년대~70년대 우리도 한번 잘살아보자고 외치며 허리띠를 졸라매고 고속성장을 통한 국부의 창출을 향해 매진하던 시대정신에서 벗어나 국민의 생명과 안전, 신뢰와 질서, 인간의 존엄성과 헌법적 가치가 존중되는 성숙한 선진국, 다시 말하면 국부를 넘어 국혼이 살아 있는 나라로 발돋움해야 하는 것이다.

한국은 지금 외형적으로는 선진국 대열에 들어섰음에도 불구하고 국토는 남북으로 분단되어 이산가족의 왕래조차 허락되지 않는 가슴 아픈 상황이 지속되고 있다. 국민은 촛불과 태극기로 갈라져 적과의 전쟁을 방불케하는 극한 대립의 상태가 연출되고 있다. 남들은 부러워하는 눈초리로 바라보지만 정작 한국인 자신들은 행복을 체감하지 못하고 있는 것이다.

오늘의 한국이 이런 당면한 난제를 타개하기 위해 어떠한 대안이 필요한 것인가. 이제 우리는 국부의 시대를 넘어서 국혼의 시대로 전환해야 한다. 국혼을 바로 세우는 것을 국시國

是로 삼아서 온 국민이 좌파 우파를 떠나 국혼 바로 세우기에 나서야 하는 것이다.

국부가 아니라 국혼이 오늘 한국의 시대적 과제이다. 아직도 국부타령이나 하고 있는 것은 시대를 읽지 못하는 것이며 시대에 뒤떨어진 것이다. 50년대, 60년대 먹을 것이 없어서 온 국민이 초근목피로 연명할 때 국혼을 부르짖었다면 그것은 시대를 잘못 읽은 것이다. 그러나 오늘 G10의 시대에 아직도 경제 타령만 하고 있다면 그것 또한 시대를 잘못 읽은 것이다. 전자는 시대를 너무 앞서간 것이고 후자는 시대에 뒤처진 것이다.

역사가 주는 교훈을 통해서 본다면 시대를 너무 앞서간 자도 실패하였고 시대에 뒤처진 자 또한 실패하였다. 오직 시대를 정확히 읽은 시대정신에 투철한 사람만이 역사에 승자로 기록된다는 사실을 우리는 명심해야 한다.

병아리가 아직 부화가 덜되었는데 먼저 위에서 어미 닭이 쪼아서도 안 되고 이미 다 부화가 되었는데도 어미 닭이 쪼아주지 않아 적기를 놓쳐서도 안 되며 줄탁동시啐啄同時가 되어야 하는 것이다.

그러면 이제 우리는 어떻게 국부를 넘어 국혼을 바로 세울 것인가. 한양조선과 일제 강점기에 형성된 사대, 식민사관,

광복 후 조성된 무비판적인 서구화를 타파하고 수천년 동안 우리 민족을 이끌어온 원동력인 홍익인간의 역사 문화를 되찾아 바로 세워서 한국정신, 한국혼을 오늘에 되살려야 하는 것이다.

그러면 역사를 바로 세워서 국혼을 되살리는 시대적 과제를 구현하기 위해 무엇이 가장 선결 조건인가. 교육의 혁명이다. 교육혁명을 통해서 겨레의 가슴속에 뜨거운 국혼, 홍익인간의 이상을 되살려내야 하는 것이다.

2) 시대를 역행하고 있는 한국의 국, 영, 수 중심 교육

한국인의 교육열은 세계 최고를 자랑한다. 그러나 교육열이 곧 교육의 질적 수준을 나타내는 것은 아니다. 현재 한국의 교육내용은 국, 영, 수로 상징되는데 국어, 영어, 수학은 사람이 세상을 살아가는데 필요한 도구이지 도리가 아니다.

인간의 삶은 물질적 생활과 정신적 생활로 나뉘는데 도구는 물질적 생활을 영위하는데 필요조건을 충족시킬 뿐이다. 그리고 국, 영, 수는 외적 지식을 증가시키는데 기여하지만 창조적 지혜를 증진시키는 데는 작용하지 못한다.

기술혁신을 통해서 과학이 최첨단을 걷고 있는 현대사회에서는 인간에게 필요한 도구적 역할은 컴퓨터, 스마트폰, AI가

거의 다 대신해준다. 따라서 미래를 짊어지고 나갈 청소년들에게 더 이상 국, 영, 수라는 도구 교육에 매달려 황금 같은 인생의 청소년기를 낭비하게 해서는 안 되는 것이다.

지금 우리는 양적 고속성장의 시대를 지나서 질적 고도성숙의 시대에 살고 있고 밖으로부터 지식의 습득보다도 안으로부터 창조적 지혜의 계발이 더 절실히 요청되는 시대에 처해 있다. 그렇다면 오늘 한국의 교육은 국, 영, 수 중심의 도구 교육에서 문, 사, 철 중심의 인문교육으로 국, 영, 수 중심의 지식교육에서 수양, 수련, 수행 중심의 지혜교육으로의 과감한 방향전환이 필요한 것이다.

최첨단의 기계가 각 방면에서 인간에게 필요한 도구적 역할을 완벽하게 수행해주고 있는데도 불구하고 한국의 교육이 아직도 국, 영, 수라는 도구 교육에 매달려 있는 것은 시대를 역행하는 것이며 결과적으로 인재양성이 아니라 인재를 파괴하고 있는 것이다.

학생이 입시의 중압감에 빠져 창조적인 인재로 배양되지 못하고 있는 현실, 교육이 학생의 개성과 인성을 배양하지 못하고 입시지옥으로 빠뜨리고 있는 현상을 타파하기 위해서는 한국교육의 혁명적 변화가 시급히 요청되는 것이다.

3) 자본주의와 사회주의 교육의 한계

자본주의는 상업자본주의, 산업자본주의, 독점자본주의 시대를 거쳐 이제 인공지능과 로봇이 노동을 대신하는 자본주의 4.0시대에 도달해 있다. 현대사회를 지배하는 두 체제는 자본주의와 사회주의로 대표되는데, 사회공동체 내에서 재화의 사적 소유권을 개인의 천부적 권리로 인정하는 것이 자본주의의 핵심요건 즉 다른 모든 요소에 우선하는 전제조건이 된다. 다시 말하면 사유재산의 소유와 개개인의 자유를 국가가 법적으로 보장하는 것이 자본주의가 사회주의와 구별되는 가장 근본적인 요인이다.

자본주의 사회에서는 소득과 부를 가장 높은 가치로 보고 높은 소득을 올리는 사람을 훌륭한 사람으로 보기 때문에 결과적으로 도덕성의 타락, 비리의 만연, 황금만능주의, 빈부의 양극화와 같은 폐단을 가져온다.

자본주의 이론에는 동물학자 다윈의 생존경쟁, 적자생존, 자연도태와 같은 동물 세계의 승자독식 정신이 깔려있기 때문에 자본주의가 아무리 시대를 따라 모양을 달리한다 해도 결국 사적 이익이 모든 가치의 가장 우선적 기준이 되고 다른 가치는 후 순위로 밀려나는 상업주의적 한계를 벗어나지 못하는 결함이 있다. 따라서 자본주의 교육은 결국 도덕성과 인격을 구비한 훌륭한 인간이 아니라 생존경쟁의 세상에서 승자독식의 훌륭한 상인을 양산하는 데 초점이 맞추어져 있다는 태생적 한계가 있다.

헤겔의 역사철학과 프랑스의 공상적 사회주의, 영국의 경제학 등을 지적 배경으로 형성된 마르크스의 사상체계 중심에는 소외의 문제가 있다. 인간의 본질을 노동에서 확인하고 노동이 본래적 의미를 잃은 형태로서의 소외와 제도적 삶을 문제시함으로써 소외의 극복을 인간의 삶의 과제로 제기하고 있다.

마르크스의 『자본론』과 『공산주의 기본원리』에는 마르크스의 교육관이 설명되어 있다. 마르크스의 교육관이 자본주의 교육론과 다른 점은 교육을 물질생산과 결합시킨다는 점을 들 수 있다. 즉 지육, 체육을 생산을 위한 노동과 결합시킨다는 것이 공산주의 교육이 자본주의 교육과 차별화되는 점이다.

마르크스주의는 교육에서 노동의 가치를 강조하고 교육행위 자체를 노동의 과정으로 인식함으로써 지적 내용의 교육과 신체적 내용의 교육을 구분 짓는 것에 반대한다.

다만 우리가 여기서 지적할 것은 자본주의든 사회주의든 인간을 우주와 사회의 주체로 보지 않고 물질을 최상의 가치로 여기기 때문에 이 두 체제가 지향하는 교육하에서는 인성을 갖춘 도덕적 인간, 지혜가 뛰어난 창조적 인재가 배양되기 어렵다는 한계가 있다는 점을 지적할 수 있다.

4) 무시무종無始無終의 홍익인간 세계관을 가르치자

이 우주는 현상세계에서 바라보면 유시유종이지만 원리세계에서 보면 무시무종이다. 그러므로 시종이 있다고 말하는 것도 옳지 않고 없다고 말하는 것도 또한 어폐가 있다.

이 우주는 시종이 있는 것도 아니고 없는 것도 아니다. 그러므로 『천부경』에서는 "일시" "일종"이라는 현상계의 유시유종과 "무시일" "무종일" 이라는 원리계의 무시무종을 아울러 말한 것이다.

우주의 현상과 원리를 "일시무시일 일종무종일"이라는 10글자로 요약 설명한 『천부경』의 세계관은 현대사회의 빅뱅이론과 동양사상의 영결종천永訣終天, 해탈의 논리를 뛰어넘는 현상과 원리를 모두 포괄한 위대한 세계관이다. 앞으로 우리 민족 고유경전인 『천부경』의 세계관을 체계화하여 한국은 물론 세계의 인류에게 새 시대의 새로운 세계관으로 가르쳐야 한다.

5) 2분법적 논리를 뛰어넘어 너와 나가 하나 되는 홍익인간의 3.1철학을 가르치자

『주역』에서는 양의兩儀를 말하는데 이것이 음양 2분법의 원리이다. 그러나 『천부경』에서는 양의가 아닌 삼극三極을 말하였다. 음과 양, 흑과 백, 선과 악이 서로 대립하는 것이 아니라 서로 상생하고 상승하면서 새로운 하나를 창조하여 삼극이 된다는 것이 『천부경』이 강조하는 3.1철학의 핵심논리이다.

흑과 백, 선과 악을 영원히 만나지 못하는 철도의 두 레일과 같은 대립적인 존재로 파악하는 음양 2분법적 논리로는 이 세상을 화해와 상생의 조화로운 세계로 이끌 수가 없다. 21세기 한국과 세계의 인류가 상호 대립과 충돌을 지양하고 상생과 화해의 장으로 나아가기 위해서는 『주역』의 2분법적 양의가 아닌 『천부경』의 삼극, 홍익인간 3.1철학을 한국 국민과 인류의 새로운 철학으로 가르쳐야 하는 것이다.

6) 사람이 곧 하나님이라는 "인중천지일人中天地一"의 홍익인간 인생관을 가르치자

자본주의와 사회주의 체제에서는 물질을 최고의 가치로 설정함으로써 인간이 물질의 노예로 전락하고 물질의 부속물로 변질될 요소를 다분히 내포하고 있다. 인간이 하늘과 땅과 동일한 존재임을 강조하는 홍익인간의 "인중천지일"사상에는 인간이 곧 하나님이라는 사상이 담겨 있다. 동학東學의 사람이 곧 하나님이라는 "인내천"도 다름 아닌 『천부경』의 "인중천지일"사상을 계승한 것이다.

"인중천지일"의 관점에서 본다면 나도 하나님이요 너도 하나님이다. 우리 모두가 하나님이니 서로 사랑과 존경으로 마주해야 한다. 그러므로 "인중천지일"이 곧 홍익인간의 이론적 배경이다. 우리가 생존경쟁이 아니라 상생하고 상승하면서 홍익인간을 해야만 하는 이유가 "인중천지일"다섯 글자에 요약되어 있다.

인간이 물질의 부속물이나 노예로 전락할 위험 요소를 다분히 내포하고 있는 서구 자본주의와 사회주의의 결함과 한계를 극복하고 인간이 우주만물의 당당한 주인으로서 서로 화해하고 융합하면서 조화롭게 살아갈 수 있는 "인중천지일人中天地一"의 홍익인간 인생관을 이제 한국과 세계의 인류에게 널리 가르쳐 교육혁명을 이룩해야 하는 것이다. 이것이 AI시대 세계와 한국의 교육이 나아가야 할 방향인 것이다.

6. 맺는말

현대문명은 지금 위기에 직면해 있으며 코로나 19는 현대문명의 심각한 위기를 잘 대변해주고 있다. 자본주의와 사회주의는 더 이상 병든 현대문명을 치유할 수 있는 대안이 되지 못한다. 그러면 막다른 골목에 도달한 현대문명은 탈출구를 어디서 찾을 것인가. 홍익주의와 홍익문명 만이 현대문명에 생기를 다시 불어넣어 꺼져가는 수명을 되살릴 수 있는 유일한 대안이라고 본다.

그러면 우리는 어떻게 오늘의 한국과 세계의 인류에게 자본주의, 사회주의를 넘어서 홍익주의를 실현하고 상업문명, 물질문명을 넘어서 홍익문명을 구현할 수 있을 것인가. 그것은 오로지 교육혁명을 통해서만이 가능하다. 인간의 본질을 노동이나 물질에서 찾기보다는 인간의 양심과 본심에서 그것을 확인하고 홍익교육을 통해서 교육혁명을 이룩하는데 그 해답이 있다고 본다. 그러므로 경제혁명, 정치혁명을 넘어서 교육혁명을 이룩하는 것을 이 시대의 시대적 과제라고 말하는 것이다.

오늘의 우리는 영국의 역사학자 토인비, 『25시』의 작가 게오르규 신부 등 세계적인 석학들이 왜 일찍이 미래사회를 지배할 새로운 대안으로서 한국의 홍익인간사상을 주목했는지 그 이유를 곰곰이 되새겨 봐야 할 것으로 여긴다.

제4장 동북공정 대응

동북공정은 한국공정이다

매일신문 2022. 7. 25

1. 역사에는 영광과 치욕이 공존한다

역사란 시간과 공간에서 인간이 사유하고 행동한 것을 기록으로 남긴 것이다. 한국의 역사는 한국민족이 사유하고 행동하며 시간과 공간에서 살아온 발자취로서 오늘 우리 삶의 뿌리이다.

우리가 지나간 과거의 역사를 연구하는 목적은 현재를 올바로 인식하고 미래를 바르게 설계하기 위함이다. 현재와 미래의 문제를 슬기롭게 실마리를 풀어나가려는데 역사를 연구하는 궁극적인 목표가 있다.

어느 민족이나 물론하고 역사에는 영광과 치욕이 공존하기 마련으로서 자랑스러운 때가 있는가 하면 어두운 구름이 드리운 시기도 있다. 따라서 역사는 자랑스럽다고 과장을 해서도 안 되고 수치스럽다고 감추려 해서도 안 되며 사실을 바탕으로 기술하여 빛나는 역사는 본보기로 삼아서 계승발전 시키고 부끄러운 역사는 거울로 삼아서 전철을 되풀이하지 않아야 하는 것이다.

2. 한국역사는 치욕의 역사가 지나치게 부각되어 있다

한국인의 근세사 500년과 근대사 100년을 되돌아보면 사대, 식민사관으로 얼룩져 있다. 한양조선 500년은 소중화小中華를 자칭하며 자주성을 망각한 시대였고 특히 근대사 100년은 주권상실, 열강에 의한 분단, 식민사관 계승, 동족상잔 등 가슴 아픈 상처투성이이다.

그러나 우리는 1만년 역사 5,000년 문명사를 지닌 세계의 역사선진국이다. 600년은 우리 역사의 20분지 1에 불과할 뿐이다. 그런데 우리는 광복이후 사대, 식민사관을 제대로 청산하지 못했다. 그래서 한국역사는 지금 유장한 1만년 역사, 영광스러운 5,000년 역사는 가려진 채 부끄러운 500년 역사 치욕으로 점철된 100년 역사가 지나치게 부각되어 있다.

3. 사대, 식민사관으로 동북방 발해 유역의 찬란한 역사가 잘려나간 한국고대사

한국의 고대사는 고조선을 위시해서 부여, 고구려, 백제, 신라, 발해, 고려에 이르기까지 한반도를 포함한 중국 대륙의 발해 유역이 활동무대였다. 발해를 발판으로 천하를 경영하던 제국의 한 축이었다. 그러나 이성계의 한양조선에 이르러서 위상이 크게 바뀌었다. 만주벌판을 포기하여 강토는 압록강 안으로 축소되었고 명나라, 청나라에 대한 사대를 당연시하여 속국의 처지로 전락했다.

이때 북경의 첫 주인인 우리 한민족을 대륙에서 한반도로 몰아내려는 물결이 중국학자들 사이에서 일어났고 거기에 앞장선 사람이 명말 청초의 한족 민족주의자 고조우와 고염무였다. 이들이 한무제가 발해조선을 공격하여 갈석산을 넘어와 지금의 하북성 동남쪽 일대에 설치한 한사군의 낙랑군을 한반도로 가져온 주인공이다. 그야말로 어이가 없는 허무맹랑한 논리로 낙랑군을 한반도의 평양 부근으로 옮겨 놓았는데 이 문제는 필자의 『교과서에서 배우지 못한 우리역사』에서 상세히 다루었다.

역사의식의 결여로 사대주의에 매몰된 한양조선은 결국 우리 역사상 전례가 없는 이민족에게 나라를 빼앗기는 참담한 결과를 가져왔다. 우리나라의 주권을 강탈한 일본은 식민통치를 강화하기 위해 단군조선 신화설을 제창하여 민족정기를 말살했고 실증사학이란 미명 하에 대동강 변 토성리에서 발굴한 유물을 낙랑유물로 날조하여 대동강 낙랑설에 대못을 박았다.

단군조선 신화설, 대동강 낙랑설은 두 가지 면에서 우리 역사를 송두리째 말살하는 작용을 했다. 첫째 단군조선 신화설은 우리 문명사의 길이를 4,300년에서 2,300년으로 단축시켰다. 일본 역사 2,600년보다 고조선 역사의 길이가 오히려 300년이나 짧아진 것이다. 우리 역사에서 고조선이 차지하는 비중이 2,000년인데 연나라 사람이 세운 위만조선부터 실제 고조선 역사로 인정하다 보니 우리 역사가 뿌리는 잘려나가고 밑둥만 남게 된 것이다.

둘째 대동강 낙랑설은 우리민족의 활동무대를 대륙의 발해 유역에서 한반도의 압록강 안쪽으로 축소시킴과 동시에 2,000년 전부터 한반도가 중국의 식민지화되는 결과를 가져왔다.

우리 역사의 뿌리를 잘라내고 우리 민족의 활동무대를 발해 유역에서 한반도 안으로 축소시킨 일제의 간교한 식민사관은 광복과 동시에 청산되었어야 했다. 불행히도 이병도, 이기백, 이기동 등으로 대표되는 강단사학은 일제의 단군조선 신화설,

대동강 낙랑설을 계승하여 오늘날까지도 통설이란 이름으로 이 이론이 국사 교과서에서 가르쳐지고 있다. 사대, 식민사관으로 동북방 발해 유역의 찬란한 역사가 사라진 한국고대사, 한국사의 비애가 여기에 있는 것이다.

4. 중국의 동북공정은 발해 유역의 한국고대사를 탈취하려는 한국공정이다

　동북공정은 '동북변강의 역사와 현상계열을 연구하는 공정'의 줄인 말로 중국정부의 연구과제 명칭이다. 중국의 동북방에는 고대에 숙신, 거란, 말갈, 여진 등 여러 민족들이 있었다. 그러나 오늘날 이들 민족은 대부분 중국에 통합되거나 또는 역사의 뒤안길로 사라지고 실재하는 경우는 거의 드물다. 과거에 동북방을 주도하던 민족 가운데서 오늘날까지 국가와 민족과 역사를 지키며 온전히 존재하는 나라는 한국뿐이다.
　한국인은 지금 한반도를 터전으로 살아가고 있지만 한국의 고대국가는 고조선, 부여, 고구려, 백제가 모두 동북방 발해 유역을 무대로 활동하였다. 중국 정부는 동북공정이란 이름으로 한국의 고대국가 고조선, 부여, 고구려, 백제가 독립 국가가 아니라 중국의 지방정권이고 소수민족이라는 일찍이 지난 역사 상에서 듣지도 보지도 못한 해괴한 논리를 만들어냈다.

　동북공정은 한마디로 말하면 한국사가 중국사에 귀속된다는 논리로 귀결된다. 동북공정은 한국을 직접 표방하지 않고 동북이라는 이름으로 겉을 포장했으나 그동안의 진행과정을 통해서 발해 유역의 한국고대사를 탈취하려는 것이 궁극적인 목적이란 것이 백일하에 드러났다. 그러므로 동북공정은 한국을 겨냥한 한국공정이라고 말할 수 있다.

　그런데 중국의 동북공정과 관련해서는 한국의 강단사학도 반성할 점이 많다. 나라가 광복 된지 80년이 다 되어가는데 한민족이 동북방 발해 유역에서 펼친 찬란한 역사를 방치한 채 거들떠보지도 않고 사대, 식민사관인 단군조선 신화설, 한사군 한반도설을 고수해왔으니 어찌보면 동북공정은 저들에게 원죄가 있는 셈이다.

　맹자는 "물건은 반드시 먼저 부패한 다음에 벌레가 생기고 사람은 반드시 스스로 모독한 뒤에 남이 모독한다.(物必先腐以後蟲生之 人必自侮以後人侮之)"라고 말하였다. 한국의 강단사학은 맹자의 말을 뼈아프게 새겨들어야 한다. 중국 동북공정을 탓하기 앞서 우리 스스로 우리 역사를 모독하고 방치한 죄를 가슴 깊이 반성하고 새 출발해야 한다.

중국의 동북공정 어디까지 왔나

매일신문 2022. 8. 19

1. 중국의 동북공정 어디까지 왔나

한국사가 중국사라고 주장하는 중국의 동북공정은 어디까지 왔는가. 한국인은 고구려사가 한국사라고 생각하는데 중국의 대학교수는 『중국고구려사』라는 책을 출판하여 고구려사를 중국역사라고 선전하고 있다. 또한 광개토태왕이 중국 동진東晉시대에 활동했다는 이유에서 광개토태왕비문을 고구려비가 아닌 동진호태왕비라고 공개적으로 주장한다.

광개토태왕시대의 고구려와 동진은 국력을 비교하면 오늘날의 미국과 북한만큼이나 격차가 컸다. 고구려는 당시 만리장성 남북을 지배한 대제국이었고 동진은 장강 이남으로 쫓겨가서 겨우 명맥만을 유지한 소왕조였다. 그런데 고구려가 동진의 지방정권이라는 논리를 내세우며 중국고구려사, 동진호태왕비라고 주장하는 것은 동북공정의 공정이라는 단어가 시사하는 것처럼 공사판 논리의 산물이며 학문적인 탐구에 근거한 이론은 아닌 것이다.

2. 시진핑과 동북공정

장쩌민, 후진타오 등 시진핑 이전의 중국 지도자들은 동북공정은 일부 학자들의 주장일뿐 중국 정부의 공식입장이 아니다라고 한발 빼는 자세를 취했다. 그런데 시진핑은 미국 대통령 트럼프를 만난 자리에서 "한국은 역사상 중국의 일부였다."라는 망언을 함으로서 동북공정이론을 중국 국가주석이 직접 나서서 세계적으로 홍보하는데 앞장서는 모습을 보였다. 동북공정은 형식상으로는 끝났지만 실재로는 진행형이고 시진핑 시대에 접어들어서 더욱 강화되었다고 말할 수 있다.

3. 역사공정 넘어 문화공정에 박차를 가하는 중국

중국에서는 역사공정을 마무리하고 이제는 한국의 고유문화를 중국문화에 귀속시키기 위한 문화공정에 돌입했다. 최근

유엔주재 중국대사가 김치를 들고 찍은 사진을 SNS에 올리며 김치 선전을 하였다. 이는 김치의 원조가 한국이 아니라 중국이라는 것을 세계에 은연중에 과시하기 위한 목적에서였다고 본다.

중국국가주석은 "한국은 역사상 중국의 일부였다."는 망언을 하고 유엔주재 중국대사는 김치를 들고 중국이 김치의 원조인양 선전하는 이러한 현상은, 중국의 한국을 향한 역사공정이 역사공정을 넘어 문화공정에 박차를 가하고 있다는 반증이다.

4. 중화문명 기원 연구 심화를 새삼스럽게 들고나온 시진핑의 숨은 의도

시진핑은 최근 공산당중앙정치국 집단학습에서 "중화문명의 기원탐구공정은 성과가 현저하지만 여전히 임무가 막중하고 갈 길이 멀어서 계속 추진되고 끊임없이 심화해야 한다."고 말했다.

한국의 연합뉴스는 이를 보도하면서 이렇게 덧붙였다. "본인의 3연임 여부가 결정될 하반기 당 대회를 앞두고 나온 시주석의 이번 발언은… 국민결속을 다지기 위함으로 보인다."

김치, 한복 등의 원류가 중국이라고 우기며 중국 네티진들의 한국에 대한 문화적 침탈이 고조되는 시점에서, 시진핑이 중화문명 기원 연구 심화를 새삼스럽게 들고나온 이면에 다른 의도는 없고 단순히 국민결속을 다지기 위한 것일 뿐일까. 여기에는 역사공정을 넘어 문화공정을 강화하겠다는 시진핑의 숨은 의도가 있다고 본다. "한국은 역사상 중국의 일부였다."는 기왕의 발언을 상기해볼 때 밖으로 한국을 향한 문화공정을 강화하라는 시진핑의 주문이 함께 내재되어 있다고 하겠다.

5. 역사문화전쟁을 벌이고 있는 중국 공산당

황하문명을 건설한 화하족과 발해문명을 건설한 동이족은 서로 번갈아 가며 중국역사를 이끌어왔는데 동이족이 주역일 때는 역사를 굳이 왜곡할 필요가 없었다. 그들이 원류임을 기록이 입증하니까. 그러나 화하족이 주인으로 등장할 때는 저들이 중국의 원주인이라는 사실이 뒷받침이 안 되기 때문에 어김없이 역사 왜곡이 이루어졌다.

하지만 이 때의 역사왜곡은 공자가 『춘추』를 통해서 화하족을 높이고 동이를 배척하는 "존화양이尊華攘夷"를 주장하고,

또 사마천이 『사기』에서 연대가 앞선 동이족 시조 복희를 배제한 채 화하족 시조 황제 헌원을 중국역사의 출발점으로 기술하고, 동이족 승리의 화신 치우를 패자로 묘사 한 것 등에서 보듯이, 동이를 폄훼하거나 패자로 왜곡한 것이 전부였다.

그런데 지금 중국 공산당이 벌이는 역사문화공정은 동이족의 역사문화를 송두리째 부정하고 그것을 화하족 역사문화의 일부라고 주장한다는 데 문제의 심각성이 있다. 과거 동이족에 대해 역사콤플렉스를 갖고 있던 화하족이 동이족의 역사를 왜곡한 차원을 넘어서 저들 공산당은 아예 동이족의 역사문화를 탈취하기 위한 역사문화전쟁을 벌이고 있는 것이다.

6. 역사문화전쟁의 중심에 서 있는 한국

한국인은 지금 한반도라는 작은 땅에서 살아가지만 역사상에서는 발해 유역이 이들 민족의 활동무대였다. 한국사의 뿌리를 거슬러 올라가면 중국동북방의 발해문명과 홍산문화에 닿게 되는데 동북공정과 중국문명 탐구공정의 최종 목표는 발해문명과 홍산문화를 중국 한족의 유산으로 탈바꿈시키는 데 있다. 그러므로 지금 중국 공산당이 전개하는 역사문화전쟁의 공격 목표는 유럽도 미국도 일본도 아닌 궁극적으로 한국을 정조준하고 있다. 따라서 한국이 역사문화전쟁의 중심에 서 있다고 말하는 것이다.

7. 총성 없는 전쟁, 슬기롭게 대응해야

우크라이나와 러시아 사이에서 벌어지고 있는 전쟁은 처참한 참상이 눈에 훤히 보인다. 그래서 사람들이 경각심을 갖는다. 그리고 가령 우크라이나가 러시아에 의해 국토를 완전히 점령당하는 사태가 온다 하더라도 국가는 망할지언정 민족과 역사는 남는다. 그러나 역사전쟁은 총성 없는 전쟁이라서 사람들의 경각심을 불러일으키지 않고 또한 이 역사전쟁에서의 패자는 국가와 민족을 동시에 다 잃어버리게 된다. 따라서 총성 있는 전쟁보다 총성 없는 역사전쟁이 훨씬 더 가공할 전쟁이다.

중국 공산당은 동북공정이란 이름으로 한국을 향해 역사전쟁을 개시했고 이제는 한술 더 떠서 문화공격에 나섰다. 총사령관 시진핑은 중화문명 기원 연구를 심화하라며 배후에서 문화전쟁을 독려하고 있다.

중국이 공격의 수위를 높이는데도 눈과 귀로 보고 듣지 못하는 총성 없는 전쟁이다보니 한국 정부와 국민 모두 경각심을 갖지 않는다. 최전선에서 방어를 담당해야할 강단사학 또한 손 놓은 채 무방비상태이다.

일본은 35년 동안 우리의 국가와 민족을 유린했지만 한국역사를 탈취하여 일본 역사로 만들지는 못했다. 그래서 우리민족은 다시 광복할 수가 있었다. 그러나 중국 공산당은 지금 한국사를 중국사로 만들고자 시도하여 국가와 민족과 역사를 송두리째 빼앗으려는 야심을 드러내고 있다.

역사를 잃어버리면 민족도 국가도 다 잃는다. 한국인의 당면한 최대의 시대적 과제는 경제발전도 민주화도 아니다. 역사문화를 바르게 정립하여 안으로 잃어버린 한국혼을 되찾고 밖으로 역사상 일찍이 한번도 경험해보지 못한 중국의 역사문화침탈에 슬기롭게 대응하는 것이다.

8. 대만통일 다음은 한국차례

모택동은 일찍이 한족의 시조 황제에게 올린 제문祭文에서 삼한을 중국에 통일시키지 못한 것이 한스럽다고 속내를 드러낸 바 있다. 이에 따르면 대만통일 다음은 한국차례가 될 것이 뻔하다.

　중국의 역사문화침략에 강 건너 불구경하듯 하며 무대응으로 일관한 것이 문재인정부의 최대 실책이었다. 현 정부는 대통령 산하에 역사문화특위를 설치하고 중국의 역사문화침략에 대응하는 문제를 국정의 가장 중요한 현안의 하나로 다루어 줄 것을 촉구한다.

중국 공산당의 3차에 걸친
한국 고대사 테러 무엇을 노리나

매일신문 2024. 12. 24

1. 중국 공산당의 3차에 걸친 한국 고대사 테러

중국 공산당은 2002년 중국사회과학원 산하에 중국변강사 연구센터를 설치하고 어용학자들을 동원해 한국의 고구려사가 중국의 역사라고 주장하는 동북공정 이론을 날조했다. 이는 우리 역사의 뿌리를 송두리째 훼손한 것으로서 중국 공산당의 한국사에 대한 제1차 테러라고 말할 수 있다.

시진핑은 2017년 당시 미국 대통령 트럼프를 만난 자리에서 "한국은 역사상 중국의 일부였다."라고 말함으로써 동북공정 이론을 중국의 국가주석이 직접 나서서 세계에 선전하는 모습을 보였다. 시진핑의 망언은 한국사에 대한 제2차 테러에 해당한다.

중국 공산당은 2023년 12월 『중화민족공동체개론』(고등교육

출판사)이란 이름으로 발간된 대학교재에 고구려, 발해사가 중국 변방사라고 주장하는 동북공정 이론을 게재했다. 또한 그것을 일반 국민에게 널리 알리기 위해 인터넷강좌를 개설했다는 사실이 최근 국내 언론을 통해서 보도되었다.

동북공정 이론을 일부 학자가 논문을 써서 발표하고 저서를 통해 홍보하는 것은 독자가 극히 제한적이다. 그러나 이를 교과서에 실어 전국 학생들을 상대로 가르치고 인터넷을 통해 전 국민에게 홍보한다면 양상은 크게 달라진다.

앞으로 고구려사는 한국사가 아닌 중국 역사라고 중국의 14억 인구가 입을 모아 세계를 향해 떠든다면 결과는 어떻게 되겠는가. 이는 중국 공산당이 한국사에 대해 자행한 제3차 테러가 된다고 할 것이다.

최근 중국은 한국에 비자 면제 조치를 전격 단행하여 한국인들을 어리둥절하게 만들었다. 이는 역사테러로 인해 발생할 한국인의 반중 감정의 고조를 무마하기 위한 꼼수라고 여겨진다.

한국의 정부와 국민은 이런 얄팍한 잔꾀에 넘어가서는 안 된다. 저들이 한국사에 대해 연이어 테러를 자행하는 숨은 의도가 과연 무엇인지 신중히 파악해야 한다.

중공은 시진핑 집권 이후 중화주의를 앞세운 한족 중심의 민족주의를 강화하고 있다. 한편 중화민족의 위대한 부흥을 꿈꾸며 중국 패권주의를 지향한다.

그러한 일련의 조치들은 소수민족 언어의 교육을 억제하고 『중화민족공동체개론』을 편찬하여 대학생들에게 중화주의를 주입시키는 등의 형태로 나타나고 있다

그러나 중공이 한족 중심의 중화민족공동체를 지향하는 것은 극히 위험한 발상이다. 역사상의 중국은 한족이 만든 국가가 아니라 동이족과 한족이 공동으로 이룩한 것이다. 따라서 진정 중국민족의 공동번영을 원한다면 중화민족공동체가 아니라 한족과 동이족 즉 화이민족공동체의 실현을 추구해야 한다.

중공이 고구려사가 중국의 변방정권이라고 주장하는 동북공정 이론을 중국 교과서에 실어 가르치는 것은 한국민족이 독립된 민족이 아니라 중화민족공동체의 일원임을 못 박아서 기정사실화 하겠다는 야심의 노골적 발로이다.

장차 한국의 국가와 민족과 역사를 송두리째 집어삼키게 될 중공의 마수를 똑바로 인식하고 올바로 대처하는 일이 시급하다. 그러나 한국의 대응은 너무나 안일하여 한심하기 짝이 없다.

2. 역사의식 없는 한국 정부의 안일한 대응

일본의 왜족은 우리의 강토를 유린하고 역사를 왜곡시켰지만 역사를 빼앗지는 않았다. 그래서 우리는 35년 만에 잃어버린 나라를 되찾을 수 있었다. 지금 중공이 우리의 역사를 빼앗으려 드는 것은 일본이 우리의 강토를 짓밟은 것보다 훨씬 더 심각한 사안이다. 역사를 빼앗기면 국가도 민족도 모두 다 잃어버리게 되기 때문이다.

그러나 역사의식이 몹시 빈약한 한국정부는 역사를 빼앗긴다는 것이 국가와 민족에게 어떤 치명타를 가져다주는 것인지 전혀 상황 파악을 못하고 있다. 그래서 시진핑이 "한국은 역사상 중국의 일부였다."는 망언을 했을 때도 쥐죽은 듯이 조용했고 지금은 고구려사가 중국사라고 저들의 교과서에 실어 역사테러를 자행하는데도 말 한마디 없이 숨죽이고 있다.

특히 동북아역사재단은 동북공정 대응을 위해 한국 국민 세금으로 만든 국책연구기관이다. 지금 단군 이래 우리민족 최대의 심각한 역사테러 사태가 발생했는데도 꿀 먹은 벙어리처럼 조용하다. 이는 직무유기를 넘어 동북공정에 동조하는 것 아닌가.

3. 국본을 뒤흔들어도 조용한 한국, 중국은 한국을 얼마나 만만하게 볼까

고구려사는 한국사의 척추에 해당한다. 고구려 이전의 역사는 고구려에 귀결되고 고구려 이후의 역사는 고구려사에 뿌리를 두고 있다고 해도 과언이 아니다.

고구려사 없는 한국사는 생각할 수 없다. 한국사에서 고구려를 가져가면 다 가져가는 것이다. 그래서 중공은 저렇게 고구려사를 빼앗아가려고 발악하는 것이다.

국본을 뒤흔드는 이런 엄청난 사건이 만일 일본을 상대로 벌어졌다면 도쿄 시내에서 할복하는 자가 줄을 이을 것이다. 선비족 당태종의 당나라가 한국사라고 한국 교과서에 실어 가르친다면 중국 정부는 강력항의는 물론 한국과의 단교 조치도 서슴지 않을 것이다.

한국 국민은 중국대사관에 항의하는 사람 한 명 없고 한국 정부는 반박성명 하나 내놓지 않고 있다. 중국은 이런 한국을 얼마나 만만하게 볼 것인가.

4. 중화민족의 위대한 부흥이 현실화된다면

고구려사가 중국사라고 주장하는 몇 줄의 글이 중국의 대학 교재에 실렸다고 해서 당장 한국이 망하는 것은 아니다. 그러나 앞으로 중화민족의 위대한 부흥을 부르짖는 시진핑의 꿈이 현실화되고 고구려사가 중국사라고 배운 학생들이 중국을 이끌어가게 된다면 한국의 국가와 민족과 역사가 계속 지상에서 존속하리라고 누가 보장하겠는가.

지금 한국의 5,000만 민족이 중국 공산당으로부터 한국의 고대사를 지키는 데 힘을 모으지 않는다면 머지않아 한반도는 중국의 여러 성 중의 하나의 성이 되고 한국민족은 중국의 57개 민족의 한 민족이 되고 한국역사는 중국 역사의 한 페이지가 될 우려가 없지 않은 것이다.

5. 이 엄중한 사태를 우리는 어떻게 대처해야 할 것인가

수양제는 국력을 기울여 고구려를 3차에 걸쳐서 침략했고 그로 인해 수나라가 결국 망하고 말았지만 중국은 포기하지 않고 당나라가 다시 공격을 개시하여 고구려를 끝내 멸망시

컸다.

발해만을 깔고 앉아 대륙을 지배했던 우리 민족은 고구려가 망한 이후 중국 한족의 눈치를 보고 살아야 하는 약소민족으로 전락했다. 그런 점에서 지금 중국이 독립 국가 한국의 고구려사를 집중 공략하여 3차에 걸친 역사테러를 자행한 것은 결코 예사로 보아넘길 일이 아니다.

중국이 지난날 존화양이尊華攘夷 사관을 통해 중화를 높이고 동이를 배척한 일은 있지만 한국의 고구려사가 중국사라고 주장하고 그것을 아예 중국 교과서에 실어서 가르치는 것은 단군 이래 이번이 처음이다.

우리 국가와 국민은 국본을 뒤흔드는 오늘의 이 엄중한 사태에 직면하여 어떻게 대처하는 것이 바람직할까. 이번에 중공이 발행한 대학교재에서 고구려사가 중국사라고 주장하며 내세운 논리를 보면 다음과 같다.

"동북 방향에는 앞뒤로 고구려와 발해 등 중국의 변방정권이 있었다. 저들은 모두 한문과 한자를 사용했고 역대 중앙왕조의 책봉을 받았다. 위진 이래 고구려 무덤 중의 벽화에서는 청룡, 백호, 주작, 현무, 및 복희 여와 등 선명한 중화문화적 흔적을 많이 보유하고 있는 것이 고고학적으로 발견되었다.

(東北方向 先后有高句麗渤海國等 邊疆政權 他們均行漢文漢字 接受

歷代中央王朝冊封 考古發現 魏晉以來 高句麗墓葬中的壁畫 多保有 靑龍白虎朱雀玄武 及伏羲女媧等 鮮明中華文化印記)"

위의 내용은 세 가지로 요약된다. 첫째는 고구려 발해가 중국 문자인 한문 한자를 사용했다는 것이고 둘째는 중국왕조의 책봉을 받았다는 것이며 셋째는 고구려의 고분벽화에서 발견된 복희, 여와 등은 중화문화적 흔적을 다분히 보유하고 있다는 것이다.

중공이 고구려, 발해가 중국의 변방정권이라고 주장하며 내세운 논리는 뜯어보면 허술하기 짝이 없다. 거기에 다음과 같은 반론을 제기할 수 있다.

첫째 유방이 세운 한나라 역사는 2,000여 년에 불과하고 3,500여 년 전부터 중국에는 문자가 사용되었다. 한문과 한자는 중국의 한족이 만든 문자가 아니라 동이족이 창조한 문자이다. 동이족 은나라의 갑골문이 한자의 원류이고 최근에는 갑골문 이전에 동이족이 만든 골각문자가 산동성에서 발굴되었다. 따라서 한문 한자의 사용이 고구려가 중국의 지방정권이란 구실이 될 수 없다.

둘째 고대사회에서 조공 책봉은 상호 교류를 위한 극히 의례적이고 외교적인 행사였고 중앙정부의 지방정부를 향한 지배적인 행정 조치와는 전혀 상관이 없었다.

셋째 고구려 고분벽화에서 발견되는 복희 여와는 그것이 고구려가 중국의 변방정권임을 증명하는 근거가 아니라 고구려가 중국과 다른 동이족 국가임을 입증하는 자료이다. 중화의 시조는 황제 헌원씨인 반면 복희 여와는 동이족의 시조로 인정되고 고구려는 동이족의 후손이기 때문이다.

우리는 동북공정 이론이 그 내막을 들여다보면 몹시 허술하다는 사실을 직시하고 동북아역사재단에서 이에 대응하는 체계적인 연구를 진행해야 한다.

저들의 동북공정 이론에 맞서는 중원공정, 즉 중국의 수도 북경이 고조선, 고구려의 고토였다는 확실한 이론을 정립하여 내년부터 우리 중, 고등학교 한국사 교과서에 실어 가르치고 세계에도 널리 홍보해야 한다.

단군 이래 초유의 역사 참사를 맞아 홍익인간 정신으로 건국된 빛나는 한국사를 지켜내고 이를 자손만대에 전해주는 것은 시대적 요구이자 민족적 사명이다.

21세기 한국의 역사학이 나아갈 방향

매일신문 2022. 9. 19

1. 역사의식의 결여가 한국사회 혼란의 근본 원인이다

촛불로 출범한 문재인 정부는 좌파편향성을 보이면서 임기 내내 국가가 편안치 못했다. 싸우자 이기자를 외치며 우파의 태극기 행렬이 연일 광화문 광장을 메웠다. 최근에 좌에서 우로 리더십의 교체가 있었다. 여기에는 아마도 정권이 교체되어 나라가 안정되기를 바라는 국민들의 여망이 담겼을 것이다. 그러나 한국사회는 정권이 교체되었어도 불안정하기는 마찬가지다. 복합갈등 속에서 극도의 분열과 혼란에 휩싸여 있다.

한국의 국민소득은 35,000불을 달성하여 경제가 세계 최빈국에서 10대 선진강국으로 발돋움했는데 한국 국민들은 왜 지금 행복하지 않은 것인가. 정권이 좌에서 우로 바뀌었는데도 왜 한국사회는 여전히 혼란에서 벗어나지 못하고 있는가.

역사의식의 결여와 철학의 빈곤에 그 근본 원인이 있다고 여긴다.

2. 식민사관을 계승한 국사 교과서를 개정해야 한다

국사 교과서는 그 나라 국민의 역사의식을 배양하는 토양이다. 청소년기에 국사 교과서를 통해서 주입된 역사 인식은 선입관으로 자리 잡아 평생을 좌우하게 된다. 그런데 한국의 국사 교과서는 불행히도 일제 식민사관의 유산을 계승하여 기술되어 있다.

일본은 강점기 식민통치를 강화하기 위해 수천 년 동안 우리 민족의 정신적 구심점이 되어 왔던 단군을 만들어진 신화로 조작하여 민족정기를 말살했다.

우리 민족의 활동무대는 한반도뿐만 아니라 발해 유역의 산동반도, 요동반도가 모두 우리 조상들의 터전인데 일본은 북경 유리창에서 구입한 중국 고대 유물을 대동강 토성리에서 발굴한 낙랑유물로 조작하여 우리 민족의 활동무대를 압록강 안으로 축소시켰다.

광복된 대한민국의 국사 교과서가 일제 식민사관의 핵심인 단군조선 신화설, 대동강 낙랑설을 계승하고 있다면 이런 교과서를 가지고 역사를 공부한 대한민국 국민들에게서 긍지와 자부심이 넘치는 투철한 역사의식을 기대한다는 것은 연목구어緣木求魚 아니겠는가.

모든 병에는 원인이 있는데 발병원인을 찾아서 병근을 제거해야 온전한 치유가 가능하다. 오늘 한국사회의 분열과 혼란은 자신의 뿌리와 정체성을 망각한 채 너도나도 근시안적으로 목전의 이익에만 눈이 먼 역사의식의 부재에서 원인을 찾을 수 있고, 한국인의 역사의식 결여는 일제 식민사관을 계승한 국사 교과서가 그 원흉이다.

한국사회가 진정 평화로운 사회, 행복한 사회로 거듭나기를 원한다면 대륙은 한 번도 진출해본 일이 없고 압록강 안에서 우리 민족끼리 서로 박이 터지게 싸운 것으로 기술되어, 일제의 식민사관이 고스란히 담긴 국사 교과서부터 뜯어고쳐야 한다.

우리 민족이 숭고한 홍익인간의 이념 아래 대화합을 이루어 2,000년 동안 평화롭게 정권을 유지했던, 세계에서 유례를 찾아볼 수 없는 단군조선의 자랑스러운 역사, 우리 조상들이 발해 유역을 발판으로 삼아 대륙을 누빈 발해조선의 웅혼한 역사를 국사 교과서에 실어 교육할 때 그것이 오늘 한국사회가 복합갈등의 와중에서 벗어나 화합과 통일의 길로 나아가는 근본적인 처방이 될 것이다.

3. 민족사학의 연구성과를 국사 교과서에 반영해야 한다

광복 직후에는 실증사학이란 미명 하에 날조된 일제의 식민사관을 깰 수 있는 문헌적 고고학적 자료가 부족했다. 이런 와중에서 일제의 식민유산인 단군조선 신화설, 대동강 낙랑설이 일반적으로 통용되는 설, 즉 '통설通說'이란 이름으로 한국사학계에 받아들여지게 되었다.

그러나 지금은 홍산문화, 『사고전서』, 『환단고기』 등 수많은 새로운 문헌자료, 고고자료가 발굴되었다. 이런 자료들을 활용한다면 한국역사가 이제는 얼마든지 일제의 식민유산인 통설을 타파하고 정설正說을 세울 수가 있다. 광복 80년이 다 되어가는 마당에 아직도 식민사관인 통설에 기반해 청소년들을 가르치고 있다는 것은 민족적 수치가 아닐 수 없다.

돌이켜보면 광복 이후 민족사학이 한국사연구에서 거둔 성과는 괄목할만 하다. 리지린, 윤내현의 민족사학은 대동강 낙랑설을 깨고 한국사를 대륙사의 입장에서 바라보도록 하는 데 크게 기여했다.

특히 심백강의『사고전서』사학은 여기서 한 걸음 더 나아가 고조선의 발상지, 한 당시대의 평양, 요수, 요서, 요동, 갈석산, 한무제가 설치한 낙랑군, 만리장성 동쪽 끝 등 그동안 사료의 부족으로 인해 풀지 못했던 한국사의 난제들을 세계가 공인하는『사고전서』를 가지고 하나하나 고증하여 밝혔다.

지금 한국사학은 민족사학의 노력에 의해서 역사의 중요한 매듭이 대부분 풀린 상태다. 다만 언론이 강단사학의 편에 서서 제대로 홍보가 안 되다 보니 대중화가 안 되었을 뿐이다. 한국사학에서 민족사학이 이룩한 빛나는 연구성과를 하루빨리 국사 교과서에 반영해야 한다.

100년 전에는 없었던 새로 발굴된 문헌적 고고학적 여러 자료를 활용하고 그동안 이룩한 민족사학의 연구성과를 교과서에 반영한다면 한국사는 통설의 시대를 마감하고 정설의 시대를 열수 있을 것이며 민족의 정기, 국혼은 다시 되살아나게 될 것이다.

4. 조선총독부 조선사편수회 출신 후계자들이 주도하는 강단사학을 혁파해야 한다

일제는 강점기 한국 혼을 말살하기 위해 조선총독부 산하에 조선사편수회를 설치하여 한국사를 왜곡 날조하는 작업을 전담케 했다. 이때 조선인으로서 여기 참여한 인물이 이병도와 신석호이다. 그런데 광복 후 신석호는 대한민국 초대 국사편찬위원장으로서 한국사학의 기초를 닦았고 이병도는 서울대 사학과 교수, 교육부 장관, 학술원 회장 등을 역임하면서 한국사학의 태두로 군림했다.

오늘날 한국사학은 식민사관을 계승한 이병도, 신석호 제자들에 의해 강단이 장악되어 있기 때문에 중, 고교 교과서의 단군조선 신화설, 한사군 한반도설은 시정될 기미를 보이지 않고 있다. 각 대학에서는 2,000년 고조선사를 신화와 허구로 취급하여 고조선 과목은 아예 강좌에서 제외시키고 개설조차 하지 않는 실정이다.

조선사편수회 출신 이병도, 신석호에 뿌리를 두고 있는 한국의 강단사학을 혁파하지 않고서 한국사학이 거듭나기를 기대한다는 것은 그야말로 쓰레기통에서 장미꽃이 피어나기를 바라는 것이다.

5. 민족 정통사학이 한국사학을 이끌어 나가는 주체가 돼야 한다

　어느 나라나 사회를 막론하고 정통을 수호하려는 보수주의 세력과 그것을 부정하는 진보주의 세력이 있기 마련이다. 중국의 경우 전목錢穆, 호적胡適 등은 정통을 애호하는 세력을 대표하고 고힐강顧詰剛은 전통을 부정하는 인물의 대표이다.
　고힐강은 중국 한족의 시조 황제 헌원이 후세에 만들어진 가공적인 인물이라 주장했고 심지어 중국의 첫 국가 하夏나라도 실재한 나라가 아니라 만들어진 나라라고 말했다. 중국 화하족의 역사를 뿌리째 부정한 것이다. 한국으로 말하면 고힐강은 실증사학에 해당하는 인물인 셈이다.
　고힐강은 북경대학 역사학과 교수를 지냈고 민족사학자인 호적 등과 학문적인 교류도 하였다. 그러나 고힐강의 설을 중국학계의 정통으로 용인하진 않았고 어디까지나 일설로서 인정될 뿐이었다. 중국역사를 부정하는 고힐강의 설을 역사 교과서에 실어 학생들에게 가르치진 않았던 것이다.
　그런데 우리나라는 광복 후 그와 정반대의 현상이 일어났다. 예컨대 고조선이 만들어진 신화라고 주장하는 강단사학이 주류가 되어 그 이론이 교과서에 실린 반면, 실재 역사라고 인정하는 학설은 비주류 소위 말하는 재야사학으로 매도를 당했다.

21세기를 맞아 중국 공산당은 동북공정을 통해 한국사의 탈취를 시도하는 그야말로 전무후무한 모험을 하고 있다. 실증사학 운운하며 일제의 식민유산 계승에 충실해 온 한국의 강단사학으로는 역사전쟁의 중심에 서 있는 한국사학의 막중한 역할을 감당하기에는 역부족이다.

안으로 한국사를 바로 세우고 밖으로 중국의 동북공정에 대응하는 중차대한 시대적 사명을 완수하기 위해서는 민족 정통사학이 한국사학을 이끌어 나가는 주류사학으로 자리매김하고 강단사학은 제2선으로 퇴장해야 하며 이를 실현하기 위해 국민과 정부가 함께 힘을 모아야 한다.

제5장

식민사관 청산

ions
일제의 식민사관과 그 청산을 위한 방안

제주도특별자치도교육청 / 식민역사문화청산회의 기조발표 2025. 7. 4

1. 머리에

우리민족은 한반도 대동강 유역을 중심으로 활동한 반도민족이 아니라 동양의 지중해인 발해 유역을 중심으로 발해문명을 창조한 자랑스러운 민족이다.

상고시대에 동북방 발해 유역에 환국 밝족이 존재했다는 것은 『시경』 상송商頌의 "환국 밝족(桓發)"의 역사 기록을 통해서 문헌적으로 확인된다. 환국 밝족의 발해문명이 중원 황하문명의 모태가 되어 동아시아 역사문화를 선도한 선진문명이란 것은 만리장성 밖 내몽고 적봉시의 홍산문화가 고고학적으로 그것을 입증한다.

제단, 여신전, 적석총으로 대표되는 내몽고 적봉시의 5,000년 전 건국을 상징하는 홍산문화는 동북방의 환국 밝족이 아니면 그것을 창조한 주역을 설명할 방법이 없다.

『산해경』에서는 "발해의 모퉁이에 조선이란 나라가 있다."라고 말한 다음 구체적으로 "발해 북쪽 연산 남쪽(海北山南)"이 고조선 지역이라고 그 위치를 꼭 집어서 설명했다. 이것이 바로 환국 밝족을 계승하여 일어난 발해조선이다

1,500년 전 남북조시대의 대표적인 문신이었던 유신庾信이 작성한 모용선비족 두로공신도비문에는 조선이 한반도가 아닌 하북성 발해 유역 북대하 부근 고죽국 지역에서 건국했다는 내용이 실려 있다.(朝鮮建國 孤竹爲君)

북송 때 국가에서 편찬한 『무경총요』에서는 북경의 지리를 설명하면서 천 년 전까지 북경 위쪽 고북구 부근에 조선하라는 강이 흐르고 있었다고 밝히고 있다.(過朝鮮河 至古北口)

지금의 하북성 진황도시 노룡현에 천 년 전까지 발해조선의 황폐한 조선성 유적이 보존되어 있었다는 사실을 북송의 역사가 낙사樂史는 『태평환우기』에서 기록하였다.(河北道 盧龍縣 朝鮮城)

『산해경』, 『두로공신도비문』, 『무경총요』, 『태평환우기』 등의 기록은 발해 유역에 발해조선이 실재했다는 것을 뒷받침하는 실증적 자료들이다.

그러나 불행하게도 사대를 국시로 하였던 한양조선 500년

기간에 중국의 눈치를 보느라 우리 스스로 대륙의 주인으로서 활동한 환국과 발해조선의 역사를 은폐하기에 급급했다. 또한 일제 강점기 35년을 거치면서 환국 발해조선의 역사는 완전히 말살되었다.

대한민국 건국 후 한국의 역사학은 명나라 이후 형성된 사대사관과 대일항쟁기에 형성된 식민사관을 탈피하지 못한 채 자주적인 한국사학으로 발전하지 못했다.

최근 중국의 동북공정은 고구려는 독립 국가가 아닌 중국의 변방정권이라는 터무니 없는 주장을 늘어놓고 있다. 심지어 이런 논리를 중국의 대학교재에 실어 가르치는 어이없는 짓까지 벌이는 데도 한국사학의 이에 대한 대응은 숨죽이고 있거나 오히려 저들의 논리를 뒷받침하는 한심한 경우마저도 없지 않다.

중국의 동북공정은 일제의 식민사관과 맞닿아 있다. 우리가 식민사관을 청산하고 발해조선, 발해고구려, 발해백제, 발해신라의 역사를 올바로 세웠더라면 중국이 우리의 동북방역사를 강탈하려는 동북공정은 태어나지 않았을 것이다.

올해는 광복 80주년이다. 한국은 지금 경제적으로 세계가 부러워하는 나라로 발전했지만 국민 행복지수는 낮고 분열과 대립으로 인한 사회적 갈등은 날이 갈수록 증폭되어가고 있다. 이는 민족정기를 말살한 일제의 식민지 유산을 제대로 청산하지 못한 것이 그 가장 큰 요인이라고 본다.

　식민역사 청산을 통한 진정한 역사광복이 시대적인 과제로 대두되어 있는 이때 이곳 제주도에서 '일제 식민역사교육의 실상과 그 청산'을 주제로 학술회의를 개최하는 것은 매우 특별한 의미가 있다고 여긴다.

　이런 흐름이 전국적으로 확대되어 식민역사교육을 청산하고 바른역사를 정립 교육하는 국민운동으로 승화되기를 바라는 마음 간절하다.

2. 식민사관이란 무엇인가

　조선총독부로 대표되는 일제 식민통치기관은 식민지배 정책의 일환으로서 한국인의 민족의식을 말살하고 한국역사를 부정적인 모습으로 왜곡해야할 필요성을 절감했다.

　이에 일본인 어용학자들을 동원하여 한국사의 부정적인 면, 어두운 면, 수치스러운 면을 부각시키기에 주력했는데 저들이 날조한 식민역사이론은 타율성론, 정체성론, 일선동조론 등이다.

신공황후의 삼한정벌, 임나일본부에 의한 한반도 지배설을 주장하여 고대 일본의 조선 지배를 강조한 것이 일선동조론이다. 이는 한국에 대한 일본의 역사 문화적 우월성을 강조하려는데 그 의도가 있었다.

한국은 아시아대륙에 붙어 있는 반도로서 대륙에서 밀려오는 외압과 바다를 건너 밀려드는 해양세력의 위협을 받아 지리적으로 자주적 내재적 발전을 이룰 수 없는 구조적인 조건에 처해 있다는 것이 타율성론이다.

한국민족은 능동적으로 발전하지 못하고 후진성을 면치 못하였다고 역사상의 민족적 후진성을 강조한 것이 정체성론이다.

일제의 식민사관은 한국의 지리적 민족적 역사 문화적 낙후성 후진성 등을 강조함으로써 이를 왜곡 말살하고 일본의 황국신민으로 동화시키려는데 그 목적이 있었다.

3. 광복 80주년 아직도 청산되지 않은 식민사관

일제의 식민주의적 역사해석의 중심인물은 이마니시 류(今西龍), 구로이타 가쓰미(黑板勝美) 등을 들 수 있다. 이들은 한국고대사를 일본 중심논리로 해석하며 임나일본부설을 정당화하고 『삼국사기』『삼국유사』의 사료적 가치를 평가 절하했다.

이마니시 류는 경성제국대학 교수로서 조선총독부에서 고적 조사 사업을 전담했고 구로이타 가쓰미는 도쿄제국대학 교수로서 『대일본사료大日本史料』 편찬의 총책임을 맡아 일본의 역사기록을 체계화하는 국가적 프로젝트를 총괄했다. 또한 조선총독부 조선사편수회의 설립과 운영에 깊이 관여하여 식민사학 정립과 한국사왜곡에 핵심적인 역할을 담당하였다.

저들 식민사학자들은, 한민족은 일제의 통치를 응당 받아야 한다는 결론을 끌어내기 위해 한국사 속에서 한민족의 결점, 약점을 찾아내고 부각시키는 데 혈안이 되어 있었다.

예컨대 저들은 1938년 『조선사』 35책의 편찬을 완성했는데 여기서 『조선사』 제1편을 고조선이 아닌 삼국 이전으로 설정했다. 삼국시대 이전의 자랑스러운 고조선사 2,000년은 신화로 취급하여 역사에서 말살해버렸다. 이는 한국사의 밑 둥을 싹둑 잘라버린 것이다.

그리고 조작 가능성이 높은 낙랑유물을 내세워 실증사학을 가장해 한사군의 낙랑군이 대동강 유역에 있었다고 왜곡했다. 이는 한국사의 영역을 한반도 안으로 축소시킨 것이다.

일제는 한양조선조 당파성의 역기능을 부각시키는 등 여러 가지 방식으로 한국의 역사 문화에 대한 왜곡을 자행했지만,

식민사관의 핵심은 한국사의 밑 둥을 잘라 길이를 단절시킨 고조선 신화설, 한국사의 영역을 한반도 안으로 축소시킨 대동강 낙랑설로 요약된다고 할 수 있다.

일제의 한국지배는 군사적 경제적 침략에 그치지 않고 이처럼 역사 문화적 침략이 유기적으로 병행되었으므로 그 와중에서 민족정기는 여지없이 마비되었고 우리 스스로 자신과 역사를 부정하고 불신하는 자학적 심리가 조장되었다.

대만은 50년 동안 일제의 식민통치를 받았다. 그러나 저들은 일제가 물러간 다음 일제 치하에서 식민사관을 받아들인 학자들에 대해 과감히 추방조치를 단행하고 대만학계에서 활동할 기회를 원천적으로 차단하였다. 그래서 대만은 광복과 함께 일제 식민사학과의 단절이 확실하게 이루어질 수 있었다.

우리도 광복과 함께 일제가 망가뜨린 자랑스러운 민족사를 복원하고 우수한 민족문화를 발양하는 데 박차를 가했어야 했다. 그러나 우리는 광복후 조선총독부 산하 조선사편수회에서 식민역사를 날조하는데 부역한 신석호가 대한민국 초대 국사편찬위원장이 되었고 이병도는 서울대 사학과 교수, 교육부장관, 학술원회장 등으로 활동했다.

따라서 일제의 식민지 역사교육 유산은 그대로 계승되었고 광복 80주년이 되는 지금까지도 그 잔재가 제대로 청산되지 않고 있다.

한국의 국사 교과서에서는 여전히 일제가 한국사의 상한을 자국의 2,600년보다 낮추기 위해 말살시킨 고조선의 역사가 복원되지 않고 신화의 영역에서 다루어지고 있다.

단군조선을 부정하고 위만조선만을 인정함으로써 한국은 출발부터 중국의 속국이었으며 문화 사상 면에서 독자성이 결여 된 열등 민족임을 부각시킨 중국 식민지 사관, 한무제가 설치한 한사군의 낙랑군이 대동강 유역에 있었다고 주장한 식민 반도사관은 시정되기는커녕 하나의 철학과 신념으로 굳어져 가고 있다.

일제 통치 35년간의 세월은 한국민족의 1만년 역사상에서 볼 때 그리 긴 세월은 아니다. 그러나 이때 한국인은 정신사적 문화사적으로 심각한 상처를 입고 지금까지도 그 후유증에 시달리고 있다는 점에서 우리 역사상 가장 불행한 기간이었다고 말할 수 있다.

일제의 한국지배를 정당화하고 미화하는 데 열을 올리는 뉴라이트계열의 사람들이 국사편찬위원회, 한국학중앙연구원, 동북아역사재단 등을 모두 장악해 주도하고 있는 현실이 한국이 광복 후 80년 세월이 흘렀지만 아직도 식민사관이 청산되지 않고 살아 있다는 명백한 방증이라고 하겠다.

4. 우리는 왜 식민사관을 청산해야 하는가

오늘 우리가 식민사관을 청산하지 않으면 안 되는 이유는 다음과 같은 세 가지를 들 수 있다.

첫째 중국은 동북공정을 통해 고구려사가 중국의 소수민족 지방정권이라는 해괴한 논리를 만들어 한국사 침탈을 시도하다가 지금은 아예 그러한 논리를 한국사 전체로 확대시켜 한국사의 중국사 귀속을 꾀하고 있다. 중국 국가주석 시진핑은 "한국은 역사상 중국의 일부였다."라는 동북공정 논리를 세계를 향해 공공연히 떠들었고 심지어는 중국 대학교재에 고구려가 중국의 변방정권이라는 내용을 실어 가르치는 짓까지 하고 있다.

그런데 중국이 동북대륙의 역사 주권이 자기들에게 있다고 주장하는 근거를 따져보면 대동강 낙랑설을 통해 한국사를 대륙사와 단절시켜 압록강 이남으로 한국사의 영역을 축소시킨 일제의 식민 반도사관이 그 원흉이다.

우리가 만일 일제가 주장한 대동강 낙랑설을 청산하고 중국 동북방의 대륙역사영토를 회복했더라면 동북공정은 태어나지도 않았을 것이다. 그러므로 중국의 동북공정은 1차적으로 반도사관을 조작한 일제가 빌미를 제공했고 2차적으로 반도사관의 잔재에서 벗어나지 못한 우리 자신에게도 큰 책임이 있다.

결론적으로 식민지 유산을 계승한 반도사관으로는 결코 중국의 야만적인 동북공정을 대응할 수 없다. 그러므로 동북공정을 극복하기 위해서는 반드시 식민사관을 청산해야 한다.

둘째 우리는 지금 세계의 마지막 분단국가로 남아 있다. 세계 어디든지 가지 못하는 나라가 없는데 조국 강토를 남북으로 두 동강 내어 엎드리면 코 닿을 데에서 이산가족 왕래조차 안 되고 있다.

우리 고조선의 국조 단군은 홍익인간 정신으로 건국했고 민족을 넘어 인류를 사랑하라고 가르치셨다. 홍익인간 정신을 이어받은 우리 조상들은 서로 사랑하고 도우며 대동 사회를 이룩하여 이웃 나라들로부터 군자의 나라로 칭송을 받았다.

그런데 지금 우리는 부모 형제가 남북으로 갈라져 이산가족 상봉조차도 못하는 실정이니 이 얼마나 부끄러운 일인가. 3.8선을 걷어내고 남과 북이 하나로 통일을 이룩하는 것이야말로 이 시대 최대의 민족적 과제가 아닐 수 없다.

그러나 우리의 현실을 돌아보면 어떤가. 남북통일은커녕 남한은 현재 좌파 우파로 갈라져 한나라가 두 나라가 되어 전쟁을 방불케 하는 싸움을 벌이고 있다.

우리가 좌우의 분열과 남북의 분단을 뛰어넘어 화해와 상생의 새로운 시대를 열기 위해서는 동족끼리 전쟁을 일삼았던 고구려, 백제, 신라 삼국의 민족 분열시대가 아닌 2,000년 동안 민족 대화합을 구가했던 고조선의 홍익인간 정신으로 돌아가야 한다.

따라서 민족 대화합의 통일의 새 시대를 열기 위해서는 반드시 일제가 신화화하여 말살한 식민사관을 청산하고 고조선의 홍익인간 화해 상생 정신을 되살려야 한다.

셋째 우리는 한반도를 터전으로 살아온 반도 민족이 아니라 대륙의 발해 유역을 중심으로 활동했던 위대한 민족이다. 고조선, 부여, 삼한, 고구려, 백제, 신라, 발해가 발해만을 끼고 앉아 대륙을 호령했던 동아시아 역사문화의 주역이었다.

그런데 현재 한국의 국사 교과서는 일제 식민사학의 연장선상에 있다고 해도 과언이 아니다. 우리 역사의 단절, 축소, 왜곡으로 상징되는 일제의 식민사관을 통설로 받아들여 반도조선, 반도낙랑, 반도삼한, 반도고구려, 반도백제, 반도신라 위주로 교과서가 서술되어 있다.

광복 80주년이 되는 오늘날 미래를 이끌어갈 한국의 청소년들이 국사 교과서를 통해 자국의 올바른 역사를 배우지 못하고 일본에 의해 우리 민족의 결점과 단점이 부각된 잘못된 역사를 여전히 배운다면 한국의 미래는 암담할 수 밖에 없다.

바른 역사 교과서를 편찬하여 내일을 짊어지고 나갈 청소년들에게 반도사가 아닌 대륙 지배사, 반 쪼가리 국사가 아닌 온전한 한국사를 가르치기 위해서 일제의 식민사관은 반드시 청산하지 않으면 안 되는 것이다.

5. 광복 후 식민사관이 청산되지 못한 원인

광복 이후 한국의 역사학은 실증주의 사학, 민족주의 사학, 사회경제적 관점으로 분류된다. 실증주의 사학은 신석호 이병도, 민족주의 사학은 신채호 정인보 리지린, 사회경제적 관점은 백남운으로 대표된다.

이병도로 대표되는 실증주의 사학은 겉은 실증으로 포장했지만 내용적으로는 식민사관을 계승했다. 왜냐하면 단군을 신화로 취급하고 위조 가능성이 높은 낙랑유물을 내세워 한사군의 낙랑군이 대동강 유역에 있었다고 주장한 일제의 식민지 논리를 그대로 답습했기 때문이다.

광복 이후 이병도, 신석호 계열의 학자들이 한국의 제도권 사학을 장악하여 대학 강단을 주도했다. 이들이 대학에서 배양한 2세 3세가 지금은 한국 역사학계의 주역으로 활동하고 있다. 이들을 통상 강단사학이라고 지칭한다.

　민족사학자 신채호는 만주를 한국사의 영역에 포함시켜 『조선상고사』, 『조선상고문화사』 등을 저술했다. 민족주의적 관점에서 여러 저서를 남겼지만 안타깝게도 광복 전 여순 감옥에서 옥사하는 바람에 그의 학설은 제자양성을 통한 학파형성으로 발전하지 못했다.

　연세대에 적을 두고 있던 정인보는 6.25때 북한으로 납치됨으로 인해서 그 역시 후계자를 양성할 기회를 갖지 못했다. 북한의 리지린은 고조선의 역사와 지리를 대륙적 관점에서 새롭게 조명한 『고조선 연구』라는 탁월한 업적을 남겨 남한의 윤내현 등에게 영향을 끼쳤지만 북한 사회체제가 안고 있는 주체사상의 벽에 가로막혀 대중화되지 못했다.

　따라서 현재 한국사학계는 민족사학은 겨우 명맥만을 유지하는 형편이고 일제의 식민유산을 계승한 이병도, 신석호로 대표되는 반도사학 계열이 주도하고 있다.

　식민사학에 대한 일반 대중의 비판적 기류 속에 새로운 흐름으로 등장한 것이 『환단고기』이다. 『환단고기』는 『삼성기』 상, 하, 『단군세기』, 『북부여기』, 『태백일사』 등 총 5권의 합편으로 구성되어 있는데 한민족이 동북아 역사문화의 중심이라는 주장을 제시하고 있다.

다만 『환단고기』는 1911년 계연수에 의해 필사본이 편간되었는데 계연수 이전에 이 책의 존재를 증명할 원본이 없다. 따라서 『환단고기』는 대중이나 사이버공간에서는 상당한 지지를 받고 있지만 강단사학계에서는 이 저술이 원본이 없다는 점과 근대적 표현이 많다는 점 등을 들어서 뒤에 조작된 위서 僞書로 간주하고 있다.

이기백, 노태돈 등은 『환단고기』를 "근대에 민족주의적 산물이며 역사적 사실과는 거리가 있다."고 평가절하했다. 따라서 『환단고기』의 등장이 대중적으로 민족주의 역사관을 확산시키는 데 일정한 영향을 끼친 것은 사실이지만 학계에서 정통 사서로서 인정받지 못하고 있기 때문에 일제의 반도사관을 청산하는데 결정적으로 작용하지는 못했다. 즉 『환단고기』가 대중적 호응을 얻는 데는 어느 정도 성공했지만 식민사학을 깨는 데까지는 이르지 못한 것이다.

6. 한국사학의 새 희망 『사고전서四庫全書』 사학

『환단고기』가 위서 논쟁에 발이 묶여 학계에서 힘을 발휘하지 못하고 있는 가운데 한국사학에 새로운 빛으로 등장한 것이『사고전서』사학이다.『사고전서』의 사료적 가치를 국내에 처음 소개하고『사고전서』사료 중심의 사학 이론을 주도한 것은 심백강이다.

『사고전서』는 청나라 건륭황제 때 청나라 이전의 5,000년 역사상에서 편찬된 중국 문헌 자료를 집대성하여 약 8만 권으로 편간한 자료 총서이다. 심백강은 여기서『삼국사기』,『삼국유사』이전의 한국사 자료를 발굴하여 한국의 첫 국가 환국, 발해조선, 발해부여, 발해고구려, 발해백제, 발해신라 등 발해 유역에서 펼쳐진 잃어버린 한국 대륙사를 하나하나 객관적인 사료에 근거해 실증적으로 밝혔다.

『한국상고사 환국』,『황하에서 한라까지』,『잃어버린 상고사 되찾은 고조선』,『사고전서에 나타난 발해조선의 역사』,『사고전서 사료로 본 한사군의 낙랑』,『교과서에서 배우지 못한 우리 역사』,『중국은 역사상 한국의 일부였다』등이 그것이다.

『사고전서』사학은 이병도의 반도사관은 물론 신채호, 정인보, 리지린의 민족사학과도 관점을 달리한다. 예컨대 신채호는 한, 당시대 고조선과 고구려의 평양이 대동강 유역에 있었고 한사군은 요녕성 해성시 일대에 설치된 것으로 파악했다. 그러나 심백강은『사고전서』사료에 근거하여 고조선과 고구려의 평양성은 하북성 진황도시 노룡현 창려현 일대에 있었고 한무제가 설치한 한사군은 북경시 서쪽에 있었다는 주장을 제시했다.

이병도는 북한의 청천강을 한, 당시대의 고조선과 고구려의 국경선으로 본 데 반하여 북한의 리지린은 중국 요녕성 난하灤河가 한, 당시대 요수遼水로서 고조선과 고구려의 서쪽경계라고 주장하였다. 또한 현재 난하 부근의 창려현에 있는 갈석산이 한, 당시대의 갈석산이라고 말하였다.

그러나 심백강은 『사고전서』에서 발굴한 새로운 사료를 근거로 하북성 남쪽 보정시의 역수易水가 한, 당시대의 요수이고 역수가 한, 당시대 고조선, 고구려 서쪽 국경선이며 역수 유역의 백석산이 한, 당시대의 갈석산이라는 주장을 펴고 있다.

이처럼 심백강의 주장은 이병도의 반도사학은 물론 신채호, 리지린의 민족사학과도 견해를 크게 달리한다. 반도사학과도 다르고 민족사학과도 차이가 있는 심백강의 주장은 『사고전서』의 사료에 근거한 것이므로 『사고전서』 사학이라고 말할 수 있다.

청나라에서 국력을 기울여 편간 된 『사고전서』는 세계가 공인하는 객관적인 사료이므로 『사고전서』 사학은 위서 논쟁에서 자유로울 수 밖에 없다. 현재 한국의 강단사학은 새로운 『사고전서』 사학의 등장에 어리둥절해 하며 비판도 수긍도 하지 못한 채 숨죽이고 있다.

그동안 강단사학은 실증사학을 내세우며 민족사학이나 『환단고기』를 추종하는 사람들을 위증사학, 또는 재야사학으로 매도했고 기득권을 지키는데 몰두해 왔다.

그러나 『사고전서』 사학은 강단사학이 내세우는 사료보다도 더욱 실증적인 자료를 바탕으로 하고 있어 가위 한국사학의 혁명을 일으키고 있다고 해도 과언이 아니다.

『사고전서』 실증사학이 등장함으로써 일제의 식민사학을 계승한 반도사학은 실증을 가장한 위증 사학임이 만천하에 들어나게 되었다. 광복후 실증사학이란 미명하에 한국사학을 80년 동안 장악하여 독점해온 식민사학은 이제 기득권을 포기하고 무대에서 내려올 시기가 된 것이다.

실증을 가장한 위증 반도사학은 한국 사학계의 새로운 희망 『사고전서』 실증사학의 등장으로 인해 지금 꺼져가는 생명을 인공호흡기에 의존하여 연명하는 상태나 다름이 없게 되었다. 머지않아 우리가 그토록 기대하던 식민사관 청산, 바른역사 정립은 꿈이 아닌 현실로 다가오게 될 것으로 확신한다.

7. 식민사관 청산을 앞당기기 위한 구체적인 방안

현재 한국의 반도사학은 『사고전서』 사학의 등장으로 인해 생명력이 크게 약화된 상태인 것은 사실이다. 그러나 민간차원의 노력만으로 저들의 생명이 스스로 소진되기를 기다린다는 것은 너무나 비효율적이다.

이쯤에서 국가가 적극적으로 나서서 국사 교과서를 개정하여 전국민적으로 발해문명의 주역 환국 밝족의 바른 역사교육을 확대 실시하는 민족적 대업의 완수에 착수해야 한다.

아래에서 식민역사 청산과 바른역사 정립을 앞당기기 위한 국가적 차원의 어떤 구체적인 방안이 요청되는 것인지 검토해보기로 한다.

1) 동북아바른역사정립특별위원회를 대통령실 직속으로 설치

일제는 식민통치의 합리화를 위한 논리를 역사에서 찾기 위해 『조선사』 35권을 편간했는데 1922년(대정大正 11년) 조선사편찬위원회가 설치된 이래 1937년(소화昭和 12년)에 이르기까지 16년간이라는 긴 기간이 소요되었고 그 동안에 투입된 사업비는 무려 100만 엔(圓)에 달했다.

그리고 조선사편수회의 회장은 총독부 정무총감이 직접 맡아 진두지휘하여 『조선사』 편찬사업은 총독부의 역대 최고 수뇌부가 가장 심혈을 기울인 사업이었다.

16년에 걸쳐 100만 엔이라는 거액을 투입하여 『조선사』 35권을 펴냄으로써 일제가 조작한 식민지 이론은 광복 80년이 흐른 지금도 완전히 청산되지 않은 채 대한민국 역사 교과서에 그 독소를 남겨놓고 있다.

우리는 광복 후 저들보다 더 많은 시간과 더 많은 자금을 투입해 바른역사 정립과 식민역사 청산을 위한 작업을 국력을 기울여 서둘러 진행했어야 했다. 그러나 불행하게도 대한민국 건국 후 그런 역사의식이 투철한 국가 지도자는 없었다.

일제의 식민사학은 거의 100년 가까이 이 나라를 지배해 오면서 사회 곳곳에 깊이 뿌리 내려 카르텔을 형성하고 있기 때문에 이들을 척결하기란 결코 쉽지 않은 일이다. 혁명적 차원의 특단의 조치가 필요하다.

일제의 식민통치 합리화를 위한 『조선사』 편찬사업을 총독부의 역대 최고 수뇌부가 직접 맡아 진두 지휘한 것처럼 지금 대한민국에서도 식민사관을 청산하고 바른역사를 정립하기 위한 작업은 정부의 어느 한 부처에 맡겨서는 결코 성공할 수 없다.

반드시 동북아바른역사정립특위를 대통령실 직속으로 설

치하여 대통령이 특별한 관심과 의지를 가지고 힘을 실어 추진해야만 역사학 혁명이라는 국가 민족적 대업을 완성할 수 있다.

2) 동북아역사재단을 교육부에서 대통령실 바른역사정립특위로 이관

동북아역사재단은 중국의 동북공정 대응을 위해 출범한 정부 산하기관이다. 그러나 출범 후 설립취지가 변질되었고 혈세만 낭비한다는 국민의 빈축을 사고 있다.

그 가장 중요한 이유는 재단 설립 당시 이병도 계열의 식민사학자들이 대거 조직에 참여했기 때문이다. 윤석열 정부에서는 영국사 전공의 뉴라이트계열 인물을 이사장에 앉혔다. 한식당에 양식요리사가 주방장을 맡은 격이 되어 여론의 질타가 이어지고 있다.

노무현 대통령 재임 당시 동북공정 대응을 위해 바른역사정립기획단을 청와대 직속으로 출범시켰다. 지금은 동북아역사재단으로 명칭이 바뀌고 소속도 교육부로 이관하여 위상이 격하되었다.

동북공정 대응, 식민사관 청산, 바른역사 정립은 산업혁명에 이은 제2의 정신혁명에 해당하는 한국의 국가적 민족적 대

과제이다. 한국 역사학의 혁명이라는 이런 국가적 대과제를 지속적 체계적으로 추진하기 위해서는 동북아역사재단을 교육부에서 대통령실 직속으로 이관하여 위상을 크게 격상시켜야 한다.

3) 동북아역사재단의 기구개편과 연구인력 확충

먼저 역사학 혁명을 성공적으로 추진하기 위해 그 사업을 총괄할 적임자를 물색하여 동북아역사재단 이사장 자리에 앉혀야 한다. 다음은 인적구성에서 민족사학자를 완전히 배제하고 강단사학이 독주해온 그간의 행태를 지양하고『사고전서』사학을 포함한 민족계열의 학자들을 대거 영입하여 반도사학자와 민족사학자가 연구 비율에서 균형을 이루도록 해야 한다.

4) 동북아역사재단의 주요사업

(1)『사고전서 중의 동북아역사자료총간』(300권) 간행

역사는 사료가 생명이다. 사료의 뒷받침이 없는 역사는 소설에 불과하다.『사고전서』는 중국 5,000년 역사상의 문헌을 경, 사, 자, 집으로 분류하여 8만 권으로 집대성한 사료총서로서『사고전서』안에는 한국의 발해조선, 부여, 삼한, 고구려, 백제, 신라, 발해, 고려, 한양조선을 비롯하여 흉로, 돌궐, 말갈,

여진 등 동북아 역사에 관한 사료들이 산적해 있다.

단군조선에 관하여 한국의 『삼국유사』는 자료가 너무나 빈약하다. 한무제의 한사군은 한반도에 있었는지 대륙에 있었는지 『삼국사기』나 『삼국유사』의 기록만으로는 분간할 길이 없다.

그러나 『사고전서』 안에는 『삼국사기』 『삼국유사』 이전의 한국상고사 관련 사료들이 차고 넘친다. 그러므로 이들 자료에서 한국 동북아 관련 자료를 수집 발췌 정리하고 역주본과 원문본으로 나누어 약 300권으로 간행한다면 한국 더 나아가 동북아의 바른역사를 새롭게 정립하는데 크게 기여하게 될 것이다.

(2) 『해외밀반출 한국사료집성』(100권) 간행 (일본 프랑스 중국 러시아)

구한 말 그리고 주권을 상실했던 대일 항쟁기 35년 동안에 많은 한국의 귀중한 사료들이 해외로 밀반출되었다. 예컨대 프랑스는 병인양요 때 강화도에 보관되어 있던 우리의 외규장각 도서를 훔쳐 갔다. 세계최초의 금속활자 인쇄본 『직지심체요절』도 구한 말 당시 주한 프랑스 공사가 수집하여 가져가 프랑스 국립도서관에 보관되어 있다가 발견되었다.

구한 말 러시아도 공사관이 한국에 나와 있었기 때문에 그

때 가져간 사료들이 적지 않을 것이며 러시아의 국내 유명도서관에 보관되어 있을 가능성이 있다.

중국은 청나라는 물론 명태조 주원장 때부터 한국의 대륙과 관련된 사료에 관심이 많았으므로 한국 사료의 다수가 북경 국립도서관을 비롯한 중국의 동북지역 도서관에 보관되어 있을 것이다.

특히 일본은 총독부 산하에 조선사편수회를 설치하고 전국의 사료를 수집 정리하여 『조선사』, 『조선사료총간』, 『조선사료집진』을 편간했는데 그 과정에서 비전된 수많은 한국 사료들이 수집되었다.

그것은 조선사편수회 사업개요 제1장 총설의 다음 내용에서 잘 확인된다. "많은 지방 명문가에 비전되어 오면서 예전부터 '함부로 내보일 수 없는 귀중한 가보(門外不出)'로 통해온 사료들도 처음으로 그 모습을 드러내게 되었으며 혹은 잘못된 사필을 바로잡고 불분명한 사실을 명확하게 밝힐 수 있는 새로운 사료가 발견된 것도 적지 않았다."

지방 명문가에 비전되어 오던 일제가 수집한 한국 사료들은 일본이 패망한 후 일본으로 가져가서 황실도서관에 소장하고 있을 가능성이 매우 높다. 저들이 가져간 책들 중에는 『조선왕조실록』에 이름은 나와 있지만 현재는 전하지 않는 『고조선비사』,『삼성기』,『조대기朝代記』같은 책들도 아마 거기에 포함되어 있을 것이다. 지금 이런 사료가 확보된다면 한국의 식민역사 청산과 바른역사 정립은 결코 어려운 일이 아니다.

우리나라에 비전되어 오다가 일본이 강점기에 가져간 자료들을 앞으로 일본이 잘 보관만 해준다면 언젠가는 다시 세상에 빛을 볼 날이 있을 것이므로 크게 걱정할 것은 없다.

다만 일본은 지진이 자주 발생하는 나라이다. 금년에도 7~8월에 대지진이 발생할 것이라는 여러 가지 예측이 난무하고 있다. 만일 일본에 대지진이 나서 이들 귀중한 자료가 모두 땅속에 묻히거나 불에 타 잿더미로 변하게 된다면 우리의 한국사는 영원히 우리의 조상이 손수 작성한 자료를 바탕으로 정립할 수 있는 기회를 상실하게 될 것이다.

지금 우리가 그 자료를 확보할 수 있는 방법은 무엇인가. 한국사 관련자료를 우리 측에서 가서 조사하고 필요한 자료를 복사해올 수 있도록 한국정부가 일본 정부에 협조를 요청하여 허가를 받는 것이다.

물론 원본을 되돌려 받으면 좋겠지만 현실적으로 그것이 쉽지는 않을 것이다. 하지만 자료의 보존을 위해 한 부씩 복사를 요청한다면 일본에서 그것마저도 거절할 이유는 없다고 본다.

일본, 프랑스, 중국, 러시아 등 해외로 밀반출된 한국사료를 수집 집대성하여『해외밀반출 한국사료집성』(100권)이라는 이름으로 출간한다면 식민역사를 청산하고 한국의 바른역사 편찬을 뒷받침하는 결정적인 자료가 될 것이다.

(3) 바른한국사(50권) 편간

어느 나라나 민족을 물론하고 영광과 치욕이 공존하기 마련이다. 일제는 우리민족의 역사자료에서 중국 대륙의 발해를 지배했던 영광스러운 자료는 배제하고 한반도 안에서 우리끼리 싸운 치욕스러운 면에 초점을 맞추어『조선사』35권을 편간했는데 불행히도 그 논리가 광복 후 청산되지 않고 한국사를 80년 동안 주도했다.

한국사를 부정적으로 기술한『조선사』35권을 자료적으로 뒷받침하기 위해 일제의 조선총독부가 거액을 투입해 편찬한 책이『조선사료총간』20종,『조선사료집진』3질이다.

이제『사고전서』중에서 동북아 역사 관련 사료를 발췌하여『사고전서 중의 동북아역사사료총간』300권을 편간하고 또한 해외에 밀반출된 한국의 고대사 자료를 수집 정리하여『해외밀반출 한국사료집성』100권을 간행한 다음 이런 우리 조상 비전의 새로운 자료와 또 중국 한족들이 펴낸 객관적인『사고전서』사료를 바탕으로 민족사학,『사고전서』사학, 강단사학을 총동원하여 번역, 연구, 집필, 교열, 감수를 진행하고 연구의 결과물을 모아 『바른한국사』를 50권 정도로 편간한다면 80년 장기 지배체제를 유지해온 뿌리 깊은 반도사학의 식민사관을 깨뜨리고 바른 한국사, 진짜 대한민국의 새 시대를 여는 일이 가능하게 될 것이다.

5) 추진일정

일본은 100년 전 16년이란 긴 시간과 100만 엔의 거금을 투입해 조선역사의 물꼬를 일본의 식민지 반도사학으로 돌려놓는 작업을 완성할 수 있었다. 그러나 지금은 첨단과학의 시대로서 자료의 조사, 수집, 검색, 발췌가 기계의 힘을 빌어 손쉽게 가능하다.

10년이면 『사고전서중의 동북아역사자료총간』(300권), 『해외밀반출 한국사료집성』(100권), 『바른한국사』(50권)를 편간하는 방대한 작업이 가능하다고 본다.

청나라에서 발간된 8만 권에 달하는 『사고전서』도 250년 전 약 10년에 걸쳐서 완성하였다. 오늘날은 첨단과학이 고도로 발달한 AI시대이기 때문에 10년이면 세계에 흩어진 한국사료의 조사, 수집, 정리, 집대성 작업과 바른역사 정립을 위한 연구, 집필, 간행 작업이 충분히 가능하다고 여긴다.

6) 예산

현재 동북아역사재단에서 매년 100억 이상의 예산을 집행하는 것으로 알고 있다. 이 3대 사업을 위해 예산을 별도로 편성할 필요는 없으며 기존의 동북아역사재단 편성 예산을 활용하여 10년간 100억씩 1,000억이면 3대 사업이 충분히 실현 가능하다고 본다.

8. 맺는말

공자는 "하夏나라의 예를 내가 말할 수는 있으나 그 후손의 나라인 기杞나라에서 그것을 증명할 수 없으며 은나라의 예를 내가 말할 수는 있으나 그 후손의 나라인 송나라에서 그것을 증명할 길이 없다. 이는 보존된 문헌이 부족하기 때문이다.(夏禮吾能言之 杞不足徵也 殷禮吾能言之 宋不足徵也 文獻不足故也)"라고 말했다.

공자가 태어났던 춘추시대는 오늘날처럼 인쇄술이 발달하지 못했다. 종이가 있었던 것도 아니다. 대를 깎아 그 위에 글자를 새긴 죽간竹簡이 유행하던 시절이었다. 그러니 불과 몇 100년 지난 전 왕조의 역사 사실도 이를 증명할 수 있는 보존된 역사자료가 매우 드물었던 것이다.

공자가 하남성의 은나라 수도 안양을 가보았다거나 갑골문에 대해 언급한 기록이 없다. 춘추시대에 태어났던 공자는 은나라의 수도 은허殷墟와 은나라의 문자 갑골문의 존재를 알지 못했을 가능성이 많다.

오늘날 우리는 청나라 때 8만 권으로 중국 문헌을 집대성한 『사고전서』를 통해 공자가 생전에 접했던 것보다 훨씬 더 많은 하나라 은나라시대의 역사 사료를 만날 수 있다. 그리고 이들 자료가 모두 전산화되어 역사상에서 하나라 은나라에 대해 기록한 수많은 내용들을 검색을 통해서 짧은 시간 안에 일별해 볼 수 있다.

그러므로 공자는 문헌이 부족해서 하나라 은나라의 예를 사료로 입증할 수 없다고 말했지만 지금은 하나라 은나라의 예에 대한 문헌적 고증이 얼마든지 가능하고 거기 더하여 고고학의 발달과 함께 은허와 같은 지하에서 발굴된 유물을 통한 입증도 또한 가능하다.

오늘날과 같은 시대에 한국인으로 태어나서 사료의 빈곤을 핑계로 한국의 바른역사를 정립하기 위한 적극적인 노력을 기울이지 않고 일제가 왜곡한 식민지 사관을 그대로 답습한다면 그것은 직무유기를 넘어 민족에 대한 용서할 수 없는 반역행위이다.

　우리나라는 100년 전 일본에 의해 나라를 잃었으나 이제는 일본을 추월한 경제대국이 되었다. 그러나 지금 우리가 식민통치를 위해 일본이 만들어 놓은 역사관을 그대로 갖고 간다면 국토는 되찾았다 하더라도 일본의 정신적 식민지를 벗어날 길이 없다.

　마침 국민주권 정부를 표방하는 새로운 이재명 정부가 출범했다. 동북아바른역사정립특위를 대통령실 직속으로 설치하고 동북아역사재단을 여기 이관시켜 『사고전서중의 동북아자료총간』(300권) 『해외밀반출 한국사료집성』(100권) 『바른한국사』(50권)를 편찬 간행하는 3대 사업을 혁명적 의지를 가지고 체계적으로 추진함으로써 동북공정 대응, 식민사관 청산 바른 역사 정립이라는 국가적 민족적 대과업이 성공적으로 완성될 수 있기를 기대한다.

제6장

춘천 중도유적 원상복구

춘천 중도 고조선 유적을 살려야
한국혼이 산다

제3차 국혼포럼 발표 2022. 12. 7

1. 머리에

골동품은 돈을 주고 살 수 있지만 역사는 돈을 주고 살 수 없다. 낙후된 경제는 20년~30년이면 다시 일으켜 세울 수 있지만 한번 파괴된 역사유적은 영원히 원상복구가 불가능하다. 그런 점에서 레고랜드 건설로 인한 중도유적 파괴는 가위 역사 참사다.

최근에 이태원에서 158명의 무고한 인명이 희생되는 10, 29 참사가 발생하여 전 국민의 가슴을 아프게 했다. 춘천 중도에서는 단군 이래 최대의 역사 참사가 일어났는데 그것을 아는 국민들은 많지 않다.

더 이상의 역사 참사가 진행되는 것을 저지하기 위해서도 또 이 나라에서 이런 참사가 되풀이되는 것을 방지하기 위해서도 전 국민들이 역사 참사의 진상을 알 필요가 있다.

춘천 중도 역사유적은 한국 최대의 청동기시대 유적이자 세계적인 문화유산이다. 이 위대한 유적을 유지 보존하는 것은 이 시대를 사는 지성인의 의무이자 사명이다.

이에 역사 참사의 진상을 널리 알리고 그 대책을 국민과 정부가 적극적으로 나서서 강구하도록 하기 위해 본 논문을 발표하는 바이다.

2. 춘천 중도유적은 고조선사 연구에 한 획을 긋는 대발견이다

춘천 중도에서는 신석기시대 유적으로부터 청동기시대, 철기시대, 삼국시대 유적에 이르기까지 우리나라 역사를 관통하는 많은 유물 유적들이 발굴되었다.

중도문화 유적은 1980년대에 270여 기가 발굴 조사되었다. 국립중앙박물관에 의해 1980년부터 1984년까지 5차에 걸쳐 발굴조사가 진행되어 5권의 보고서가 나온 바 있고, 2010년 4대강 살리기 사업 추진 과정에서 유물 200여 기가 발굴되었다.

2014년 레고랜드를 짓기 위한 1단계 발굴조사에서 1,400여기의 유구가 발굴되었고, 2015년 2단계 발굴조사에서는 345기의 유구가 발굴되었다.

중도문화 유적에서는 모두 2,200기가 넘는 많은 유구가 발굴되었는데, 그 중에 청동기시대 주거지로 추정되는 유적이 1,200여 곳에 달한다. 청동기시대 유적으로는 우리나라에서 최대의 유적이다. 《이형구 춘천중도유적보존을 위한 백서 총론, p 27 참조》

중도에서는 신석기시대 유물도 발견되었지만, 청동기시대 유적이 주류를 이룬다. 청동기시대는 우리 역사상에서 고조선시대에 해당한다. 비파형동검을 비롯한 청동기가 고조선 시대에 널리 사용되었다. 그러므로 춘천 중도문화 유적은 한국 최대의 고조선 유적이라고 말할 수 있다.

한국 국내에서는 그동안 삼국시대 이전에 고조선이 있었다는 것을 문헌을 통해 접하면서도 고고학적으로 그것을 증명할 수 있는 방법을 찾기는 쉽지 않았다. 저 멀리 내몽골의 하가점 하층문화에서 발굴된 유물을 고조선 시대의 유물로 추정할 수 있을 뿐이었다.

하지만 내몽골은 현재 중국 땅으로 귀속되어 접근이 용이하지 않아서 그것을 고조선의 유적으로 연구 고증하는데 여러 가지 제약이 따른다. 그런데 춘천 중도유적의 발굴을 통해서 한반도에 고조선이 존재했다는 것을 고고학적으로 증명할 수 있는 확실한 근거를 마련하게 된 것은 한국 고대사 연구 특히 고조선사 연구에서 한 획을 긋는 대발견이라 할 수 있다.

따라서 중도문화의 발굴은 그동안 고고학적으로 뒷받침되지 않았던 고조선을 새로운 차원에서 유물 유적을 통해 실증할 수 있는 길을 열어준 이정표적 의미가 있다고 하겠다.

3. 오늘날의 춘천은 고대의 맥국 땅이다

『삼국사기』 잡지 제4 지리2 신라조에 "옛 맥 땅이 지금 신라 북쪽에 있는 삭주朔州이다.(古貊地 盖今新羅 北朔州)"라고 하였다.

『고려사』 지志 권12에는 "춘주가 본래는 맥국이다.(春州本貊國)"라는 기록이 나온다. 거기에 "춘주는 우수주, 우두주, 수약주, 수차약, 오근내 등으로 불렸으며 신라 경덕왕 때 삭주로 고쳤다가 고려 태조 23년에 춘주라고 변경했다."라는 설명이 덧붙여져 있다.

『삼국사기』와 『고려사』의 기록을 검토해보면 고대의 맥국 땅이 신라 때 삭주로 이름이 바뀌었고 고려 때는 다시 춘주로 변경된 사실을 알 수 있다.

일연이 지은 『삼국유사』에도 이와 유사한 내용이 나온다. 『삼국유사』 제1, 기이紀異 마한조에 『삼국사』를 인용하여 다음과 같이 말하고 있다. "춘주는 옛 우수주로 옛적의 맥국이다. 혹자는 말하기를 '지금의 삭주가 바로 맥국이다.'라고 했다."

『삼국사기』 신라본기 제1 유리이사금 조항에 "왕이 맥국과 우호조약을 체결했다.(王與貊國結好)"라는 기록이 나오고 또 "맥국에서 총수가 사냥을 하여 짐승을 잡아 바쳤다.(貊帥 獵得 禽獸獻之)"라는 기록이 있는 것으로 보아서 신라국의 경덕왕이 삭주로 명칭을 바꾸기 이전에는 신라국 북쪽에 맥국이 있었던 것이 확실하다.

『조선왕조실록』에 따르면 태조 이성계 시대까지는 고려 때 쓰던 춘주라는 이름을 그대로 사용하다가 태종 시대에 이르러 춘주를 춘천으로 바꾸었고, 그 뒤 한양조선 말엽까지 줄곧 같은 명칭을 사용한 것으로 나타난다. 대한민국 건국 후에도 한양조선에서 쓰던 춘천이란 지명을 변경하지 않고 그대로 사용하였다.

그러니까 오늘날 춘천의 역사적 연혁을 살펴보면, 춘천이란 지명은 한양조선 때 붙여진 명칭이고, 고려 때는 춘주로 불렸으며 삼국시대에는 삭주로 호칭되었고 또한 우수주, 우두주, 수약주, 수차약, 오근내 등의 별칭이 있었으며 삼국시대 이전에는 맥국 땅이었다는 것을 알 수 있다고 하겠다.

4. 중도문화는 고조선의 맥국 유적이다

고조선사 연구에서 한 획을 긋는 고고학적 대발견이 오늘날 강원도의 춘천, 고대의 맥국 땅에서 이루어졌다면 우리는 맥국의 역사적 실체와 그것의 고조선과의 관련성을 살펴보는 일이 중요하다.

하지만 여기서 먼저 삼국시대 이전 고조선 시대에 과연 맥국이라는 나라가 실재했었는가를 문헌적으로 증명하는 일이 필요할 것이다.

『세종실록』 지리지에 단군의 역사를 기록한 『단군고기』가 실려 있다. 『단군고기』에 "단군이 나라를 세워 국호를 조선이라 하였는데 시라, 고례, 남옥저, 북옥저, 동부여, 북부여, 예, 맥이 다 단군이 다스리던 나라이다.(檀君立國 號曰朝鮮 尸羅 高禮 南北沃沮 東北扶餘 濊與貊 皆檀君之理)"라고 하였다.

이는 단군조선 즉 고조선 시대에 맥국이 실제로 존재했다는 것을 정사 자료인 『조선왕조실록』을 통해서 입증하는 결정적인 자료라고 하겠다.

『단군고기』에서는 단군이 다스리던 나라가 9개국이 있었다고 말하면서 아홉 개 나라의 국명까지 일일이 열거했다.

이는 명나라의 오명제가 『조선세기』에서 "단군은 아홉 개 동이족들이 모여서 임금으로 추대한 분이다.(檀君九夷君之)"라고 말한 것이 허황된 이야기가 아니라 근거가 있는 것임을 보여준다.

단군조선에 대해서 일본의 식민사학자들은 신화로 취급하여 부정하는 태도를 취했고 혹자는 고조선은 국가가 아니라 고을이라는 터무니없는 주장을 늘어놓기까지 하였다. 한국의 일부 강단 사학자들 가운데는 지금도 그 설을 추종하는 한심한 경우도 있다.

그러나 『산해경』에서 "발해의 모퉁이에 나라가 있으니 그 이름을 조선이라 한다.(北海之隅 有國 名曰朝鮮)"라고 말한 것을 본다면, 고조선은 고을이 아니라 국가였고 한반도가 아닌 발해만 부근에 존재했던 것이 분명하다.

중국 북경 북쪽에 조선하朝鮮河가 있다는 『무경총요』의 기록과 하북성 동쪽 노룡현에 조선성朝鮮城이 있다는 『태평환우기』의 기록은 "발해의 모퉁이에 고조선이 있다."는 『산해경』의 기록을 뒷받침하고 있다.

또한 『단군고기』에서 단군이 다스린 아홉 개 나라의 이름을 일일이 열거한 것을 본다면, 단군조선은 한반도 대동강 유역 한쪽 귀퉁이에 있던 작은 나라가 아니라 발해 유역을 중심으로 산동반도, 요동반도, 한반도에 걸쳐서 여러 제후국을 거느린 통일왕국이었다는 것을 짐작하기에 어렵지 않다.

그런데 단군조선이 거느린 아홉 개 나라 중에 시라, 고례 등의 이름이 등장하는 것은 무엇인가. 이는 삼국시대 이전에 존재했던 신라, 고구려의 전신이 아닐까 여겨진다.

그리고 남옥저, 북옥저, 동부여, 북부여 등의 명칭이 나오는 것은 이러한 나라들이 고조선이 망한 뒤에 비로소 건국된 나라들이 아니라 단군조선 시대부터 이미 존재했다는 것을 알려주는 좋은 단서가 된다.

예와 맥은 원래 국가의 명칭이 아니라 민족의 명칭이었다. 그런데 『단군고기』에서는 예와 맥이 시라, 고례와 함께 단군이 다스리던 국가의 명칭으로 등장한다. 이는 예맥이 본래는 종족이나 민족을 지칭하는 명칭에서 뒤에 국가를 지칭하는 명칭으로 변경되었음을 말해준다.

『서경書經』 주서周書 무성편武成篇에는 "화하만맥華夏蠻貊"이라는 기록이 나온다. 이는 화하족과 만맥족을 대칭하여 말한 것으로 여기서의 맥은 종족을 지칭한 개념이다.

『서경』 주서 무성편은 서주 무왕이 은 주왕을 정벌한 사건의 경과를 다루고 있는데 서기전 1,046년 무왕이 은나라를 정벌하고 돌아와서 지은 것으로 전해진다. 이것이 맥족에 대한 문헌상 최초의 기록이라고 할 수 있다.

『주례周禮』는 주나라 시대의 관제官制를 기술한 책으로 주공周公 단旦이 지은 책이라고 알려져 있다. 후한의 학자 정현鄭玄이 주석을 하였고, 당나라의 가공언賈公彦이 소疏를 지었다. 『주례』에 "직방씨가 사방의 이족과 아홉 개의 맥족을 관장하였다.(職方氏掌四夷九貊)"라는 기록이 나온다. 여기서의 맥은 민족을 가리킨 것이다.

『시경』 한혁편에는 "한국의 제후가 예족과 맥족의 지도자로 되었다.(王錫韓侯 其追其貊)"라는 기록이 나온다. 여기서 맥은 또한 민족의 명칭으로 사용된 것이다.

중국 고대문헌에 나오는 이러한 기록들은 맥족이 3,000년 전 서주시대에 이미 존재했다는 것과 민족명칭 또는 종족명칭으로 주로 사용되었다는 사실을 알려준다.

그런데 사마천 『사기』에서는 오환, 부여와 함께 예맥, 조선 등이 나온다.(夫燕 北隣烏桓夫餘 東綰濊貊朝鮮) 맥이 아닌 예맥이라는 이름으로 또 민족명이 아닌 국가 명칭으로 등장하는 것이다.

단군이 다스린 나라 중에 조선, 시라, 고례, 부여와 함께 예국과 맥국이 포함되어 있는데 사마천『사기』에서 오환, 부여, 조선과 함께 예맥국이 등장하는 것을 본다면 예맥은 종족이나 민족의 개념으로서 뿐만 아니라 국가의 명칭으로도 사용된 것을 증명하는 확실한 근거가 된다.

상고시대에는 맥족으로 표기되다가 후대에 예맥이 등장하는 것은 예족이 맥족에서 갈려 나간 하나의 지류라는 것을 말해준다. 호타하 지류 예수 유역에 살던 맥족이 크게 발전하여 새로운 하나의 민족을 형성함으로써 맥족이 예맥족으로 호칭되게 되었다고 본다.

맥이 초기에는 종족의 이름으로 사용되다가 맥족이 분파를 형성하여 예맥민족이 되었고 예맥족이 발전하다가 뒤에 다시 이를 국가의 명칭으로 삼은 경우가 발생하게 되었을 것이므로 예맥이 국가의 명칭으로 사용된 것은 비교적 후기에 해당하는 일이라고 하겠다.

『단군고기』에 예국과 맥국이 나오고 사마천『사기』에 예맥국이 등장하지만 우리는 그동안 이 예맥국이 과연 어디에 존재했는지 그것을 고증할 방법이 없었다.

그런데 지금『삼국사기』,『삼국유사』,『고려사』,『조선왕조실록』을 통해서 오늘날의 춘천이 고려시대의 춘주이고 고려시대의 춘주가 신라시대의 삭주이며 신라시대의 삭주가 삼국시대 이전에는 맥국 땅이었다는 사실이 문헌적으로 확인된다.

그리고 이제 춘천 중도에서 한국 최대의 청동기시대 즉 고조선 시대의 유적이 발굴됨으로써 『삼국사기』, 『삼국유사』, 『고려사』에 말한 맥국, 『단군고기』에 나오는, 단군이 다스린 나라 맥국이 바로 오늘날의 춘천지역이라는 것이 고고학적으로 증명이 되었다.

오늘 우리는 강원도 춘천이 고조선의 맥국 땅이라는 것을 문헌적으로 고고학적으로 모두 입증할 수 있게 된 것이며 따라서 춘천 중도문화는 단군조선의 제후국가 맥국의 유적이라는 결론에 도달하게 되는 것이다.

5. 맥국은 우리말 밝달국의 한자 표기이다

맥국은 우리말 밝달국의 한자 표기이다. 맥貊은 현대 한국어에서는 맥으로 발음하지만 맥의 고대 발음은 박 또는 밝이었다. 『주례周禮』에 서주西周에서 사냥을 할 때 "맥족의 신에게 제사지냈다.(祭表貊)"라는 기록이 나오는데 한나라의 학자 정현은 그 주석에서 "맥족의 신은 치우를 가리키며 맥貊은 밝으로 발음해야 한다."라고 말했다.

현대 한국어에서 맥貊을 맥으로 발음하는 것은 남방의 오吳나라 계통의 발음을 따른 것으로 보이며 북방의 고대 고유한 발음은 밝이었다는 것을 알 수 있다.

맥貊 자는 치豸와 백百의 결합으로 이루어진 글자인데 우리 말 밝을 한자로 음차하여 표기하는 과정에서 중국의 한족들이 이 글자를 선택한 것이기 때문에 글자가 가지고 있는 의미는 중요하지 않다.

맥貊은 또는 맥貃으로 표기하기도 하는데 백百과 백白은 음부를 표현한 것이다. 백百과 백白은 중국 발음으로는 바이이고 한국 발음으로는 백으로서 우리 옛 말 밝, 백 등의 발음을 한자로 음차하여 표기하는 데 쓰였다.

밝족이 중국문헌에 맥족, 또는 예맥족으로 표기되었는데 이 예맥족이 발해 유역의 산동반도, 요동반도, 한반도에서 세운 나라들이 조선, 시라, 고례, 남옥저, 북옥저, 동부여, 북부여, 예, 맥이었다는 사실을 『단군고기』를 통해서 확인할 수 있다.

6. 춘천의 맥국은 언제 어떤 경로를 통해서 형성된 것일까

예맥족은 본래 서주 이전에는 지금의 발해만 유역 일대에서

주로 생활했다. 그러다가 서쪽의 화하족 주나라가 동쪽의 동이족 은나라를 정벌하고 중원의 지배세력으로 등장하자 발해를 건너 동북지역으로 이동하기 시작했다.

고조선과 뿌리가 같은 동북방 맥족 즉 밝족으로서 중원에 진출하여 건국한 상나라가 황하 중류에 기반을 둔 화하족 서주 무왕에 의해 멸망하고, 또 주공周公의 동정東征으로 그 세력권이 발해 유역으로 확대되자, 이때 발해 유역 일대에서 생활하던 밝족의 고조선인들은 동쪽으로 이주를 시작했다.

특히 전국시대 연나라 소왕 때는 연나라 장수 진개의 기습공격에 의해 중국 하북성 동북쪽에 있던 고조선 땅 상곡, 어양, 우북평, 요서, 요동 5군을 상실하기도 했다.

진시황 시대에는 중원을 통일하였으나, 동방의 6국을 멸하였을 뿐 동북방의 고조선 영역에는 변화가 없었다. 유방이 다시 진나라를 멸망시키고 한을 세워 중원의 주인이 되었는데 서방으로는 강역을 넓혔으나, 동쪽으로 고조선을 침략하지는 않았고 고조선 왕조는 그대로 유지되었다.

이때 한 왕조와 고조선은 고대의 요수, 현재의 하북성 남쪽 역수와 고대의 갈석산, 현재의 하북성 남쪽 백석산을 경계로 국경을 마주하였다. 그러다가 한무제 때 갈석산 즉 백석산을 넘어와 고조선을 공격하여 고조선 서쪽에 한사군을 설치했다.

이때부터 고조선은 국력이 약화되었고 뒤에 연방국가 고조선이 망하자 그 유민들이 동북방에 흩어져 각자 독립하였는데 그 나라가 72개국이나 되었다고 당나라 두우의 『통전』과 일연의 『삼국유사』에 기록되어 있다.

이 72개국은 대체로 지방 100리에 달하는 소국이었는데 마한, 진한, 변한과 부여, 고구려, 백제, 신라, 가야는 고조선의 유민이 세운 나라 중에 비교적 대국에 속하는 나라들이었다고 할 것이다.

그리고 신라, 고구려와 같은 경우는 신생 독립국이 아니라, 고조선이 망한 뒤에 고조선의 제후국이었던 시라가 신라로 고례는 고구려로 이름을 바꾸어 새 출발을 하였던 것이라고 하겠다.

『시경』 한혁편에서 맥족이 중국 하북성 연나라 부근에서 활동한 기록이 나타나는 것을 본다면, 맥족은 상고시대에 대륙의 동북방에 분포되어 있었음을 알 수 있다.

그러면 춘천의 맥국은 언제 어떤 경로를 거쳐서 형성되게 된 것일까. 발해 유역에 있던 예맥족이 서주시대에 동쪽으로 이동할 때 그 세력의 일부가 한반도로 내려와서 세운 나라가 아닐까 여겨진다.

그런데 자연환경이 빼어난 북한강 유역 춘천에 정착하여 나라를 세우면서, 나라 이름을 자신들의 종족명칭을 따서 맥국이라고 한 것은 밝달민족의 먼 조상을 잊지 않기 위한 의미가 담겨 있을 수도 있고, 아니면 이들이 맥족의 직계후손이었을 가능성도 배제할 수 없다고 하겠다.

그런 점에서 춘천의 맥국은 제1대 단군왕검이 다스리던 나라가 아니라 2,000년 가까이 유지된 고조선 왕조의 중기 어느 한 시기에 존재했던 나라였다고 하겠다.

우리는 그동안 『단군고기』에서 고조선 시대에 예국, 매국이 있었다는 것을 알 수 있고, 또 춘천이 고대의 맥국이라는 문헌 기록을 확인하면서도 그것을 입증할 수 있는 고고유적이 발굴되지 않았기 때문에 오늘의 춘천을 고조선 시대의 맥국으로 단정할 수 있는 근거가 부족했다. 그런데 이번에 춘천의 중도 유적의 발굴을 통해서 춘천이 고조선의 맥국유적이라는 확신을 가질 수 있게 되었다.

그런 점에서 레고랜드의 중도 개발은 재앙이지만 그러나 이 과정을 통해서 고조선의 맥국 유적이 세상에 모습을 드러내는 계기가 된 것은 한편 다행이기도 하다. 이번 공사가 아니었으면 앞으로도 얼마나 더 오랜시간 동안 땅속에 묻혀 있었을는지 알 수 없는 일이기 때문이다.

이제 우리는 레고랜드 건설 공사를 하루빨리 중단하고 중도

문화를 국가적 차원에서 원상복구하여 국민적 역사유적으로 세계적 문화유산으로 가꾸어 나가야 한다.

7. 중국 내몽골의 홍산문화와 한국 춘천의 중도문화

홍산문화는 중국 동북쪽 발해 유역에서 발굴된 5,500년 전의 문화를 가리킨다. 1921년 최초로 발굴되었고, 1935년 내몽골 적봉시 동쪽 교외 홍산 뒤편 유적에 대한 발굴을 진행했으며, 1954년에 홍산문화라고 명명하였다. 70년대 초부터 적봉시와 조양지역에 대한 대규모적인 고고학적 조사를 전개하여 1,000곳에 가까운 유적을 발견하였다.

능원, 동산취, 우하량에서 발굴된 홍산문화 유적은 제단, 여신전, 적석총으로 상징되는데 이는 북경의 천단, 태묘, 명 13릉과 같은 구조로 건설되어, 건국 전야의 유적을 상징한다는 것이 소병기 북경대 교수를 비롯한 중국 고고학계의 공식적인 입장이다.

중국 한족의 시조 황제 헌원은 4,700년 전의 인물이고, 중국의 첫 국가는 서기전 21세기에 건국된 하夏나라이다. 따라서 5,500년 전 만리장성 밖 동이족의 땅 현재의 내몽골 적봉시에서 발견된 유적인 홍산문화는 한족과는 전혀 관련이 없다. 그렇다면 이 동아시아 문명의 서광 홍산문화를 건설한 주역은 누구인가.

우리 한민족은 밝족이고 한국의 첫 국가는 환국이다. 5,500년 전에 바이칼, 즉 밝바다에서 오늘의 발해 유역 적봉 홍산으로 이동하여 홍산환국을 건설한 주역은 구려족의 지도자 치우천왕이었다.

한족의 시조 황제 헌원의 성은 희姬이다. 그것은 희수姬水 유역 즉 오늘날 중국 서쪽 황하 중류 섬서성 위하유역을 중심으로 성장 발전했기 때문에 붙여진 성이라고 한다.

황제의 능은 섬서성 황릉현에 있다. 이것은 그의 주요 활동 무대가 황하 서쪽 황토고원이었음을 말해주는 근거가 된다. 또 그의 황제黃帝라는 칭호에 황토고원의 황黃 자가 들어 있는 것도 황토고원에서 유래했을 가능성을 말해주고 있다.

따라서 중국 동북방에 위치한 내몽골 적봉시의 홍산문화는 중국의 한족과는 전혀 관계가 없는 동이족이 창조한 문화이다. 중국 한족들은 5,500년 전에 자신의 조상들이 동북방에서 건국을 한 일이 없기 때문에 홍산문화를 건국 전야의 유적으로 규정했지만, 사실은 『삼국유사』에 말한 환웅의 환국과 『시경』에 나오는 "현왕 환발玄王桓發" 즉 5,500년 전 환국 밝족 치우 현왕의 건국을 증명하는 유적인 것이다.

중국 내몽골의 홍산문화가 치우 현왕 환국의 건국을 입증하는 유적이라면 한국 춘천의 중도문화는 단군조선의 제후국을 입증하는 결정적인 유적이다.

그동안 우리나라에서 『삼국유사』, 『제왕운기』, 『세종실록』의 『단군고기』 등을 통해서 문헌적으로 고조선을 접할 수 있었고, 또 최근에는 새로 발굴된 『사고전서』의 북경 북쪽의 조선하, 하북성 동쪽 노룡현의 조선성, 또 남북조시대 유신庾信이 쓴 선비족 모용은 비문에서 말한 "조선건국朝鮮建國 고죽위군孤竹爲君"이라는 기록 등에 의해서 발해 유역에 실재했던 고조선의 실체를 문헌적으로 확인할 수 있었다.

그러나 고고학적으로 고조선의 건국을 뒷받침할 확실한 근거가 중국 북경시, 내몽골 적봉시 하가점하층문화를 제외하고는, 한국 국내에서는 발견되지 않았다. 그래서 일반인은 물론 학자도 그것을 직접 목격하기가 쉽지 않았다.

그런데 이번에 춘천 중도에서 고고학적으로 고조선의 실존을 뒷받침할 수 있는 청동기시대 거대유적이 발굴된 것은 그 의미가 각별하다.

현재 남한에는 강화도에 단군 제천단이 있다. 그러나 이것은 지상에 있기 때문에 원래의 모습이 아니라 후세사람들의 손길이 가해져서 역사적 가치가 다소 떨어지는 면이 있다.

춘천의 중도유적은 수천년 동안 지하에 있다가 발굴되어 후인의 조작이 전혀 가해지지 않아서 역사성이 매우 높고 더욱이 그 규모가 남북한은 물론 한, 중, 일 삼국을 통틀어 말해도 손색이 없다는 점에서 특별히 중요한 가치가 있다고 하겠다.

중국 내몽골의 홍산문화가 밝족 치우 현왕의 홍산환국 건국을 고고학적으로 입증하는 세계적 문화유산이라면, 한국 춘천의 중도문화는 단군의 고조선이 대동강 유역의 작은 나라가 아니라 발해 유역을 중심으로 맥국을 비롯한 아홉 개 나라를 거느린 통일왕국이었다는 것을 고고학적으로 입증하는 동아시아 최대의 고조선문화 유적인 것이다.

8. 포크레인으로 중도유적을 파괴하고 레고랜드를 짓는 것은 단군 이래 최대의 역사 참사다

레고는 덴마크의 장난감 제조회사 이름이다. 1932년 덴마크의 시골 마을 빌룬트의 작은 목공소에서 목수가 창업했다. 처음에 나무로 장난감을 만들어 팔기 시작하다가 뒤에 플라스틱으로 완구를 생산했다. 플라스틱으로 다양한 모양의 장난감을 만들 수 있는 레고의 장난감은 20세기에 가장 성공한 디자인 아이디어로 꼽힌다.

레고랜드는 덴마크의 레고를 대표하는 놀이공원이다. 3세~12세의 어린이와 그 가족을 위한 놀이 교육시설로 설계 건설되었다. 덴마크를 시작으로 일본, 영국, 미국, 독일, 말레이시아, 아랍에미리트, 이탈리아 등에 있다.

레고랜드 코리아는 세계에서 열한 번째, 동아시아에서 일본에 이어 두 번째가 되므로 세계 유일이 아니다. 중도유적은 세계에서 하나밖에 없는 고조선의 최대 유적이다.

레고랜드 코리아는 일자리 총 9,800여 개를 만들고 220만 명 이상의 관광객과 4,400억 원의 수익을 낼 것이며 막대한 양의 지방세를 걷을 수 있을 것이라고 상업성을 과장했다.

그러나 2022년 5월 5일 개장한 레고랜드는 일자리 창출도, 관광객도 수익을 내는 일도 모두 실패했다. 가령 그것이 모두 성공했다손 치자, 오늘날 대한민국은 국민소득 35,000불 시대에 진입하여 성장의 시대를 지나 성숙의 시대에 접어들었고 가격보다 가치를 중요시할 시점에 와있다. 레고랜드가 내건 주장이 모두 현실화되었다 하더라도 그것은 가격의 문제이지 가치의 문제가 아니다.

여기에 어떤 사람이 있다고 하자. 조상 대대로 내려오는 하나밖에 없는 귀중한 물품이 있는데 생계를 유지할 수가 없어서 그것을 내다 팔아 연명을 한다면 그래도 목숨을 유지하기 위한 부득이 한 행위이니 동정심을 유발할 수 있을 것이다.

그러나 경제적으로 부유한 사람이 더 많은 돈을 모으기 위해 조상 대대로 내려온 유물을 내다 팔아서 욕심을 채운다면 그것은 천벌을 받아 마땅하고 조상님과 후손들에게 두고두고 부끄러운 일이 아니겠는가.

일자리를 위해서 관광객을 끌어모으기 위해서 수입을 늘리기 위해서 포크레인으로 남북한 최대의 고조선 유적, 세계적인 문화유산을 파괴하고 어린이 플라스틱 장난감 놀이공원 레고랜드를 짓는다는 것은 단군 이래 최대의 역사 참사이자 문화테러라고 말할 수 있다.

하나밖에 없는 고조선 유적을 돈 몇 푼에 눈이 멀어서 플라스틱 장난감 놀이공원과 맞바꾸는 이런 짓은 먹고 살 것이 없어서 굶어 죽는 사람이 즐비한 아프리카의 후진국가에서도 보기 쉽지 않은 일이다.

경제 10대 대국인 대한민국에서 세계적인 역사유적을 부동산개발 차원에서 접근하는, 이런 파렴치한 만행은 민족의 이름으로 규탄하고 역사의 이름으로 처단해야 한다.

중도문화는 한민족의 역사유적을 넘어 인류가 함께 누려야

할 세계적 문화유산이다. 유일무이한 역사유적을 파괴하고, 거기에 레고랜드를 짓는 한국인은 세계의 지성들로부터 혼이 없는 야만인으로 멸시당할 것이며, 조상들은 지하에서 피눈물을 흘리실 것이다.

자손 대대로 지켜가야 할, 국내에 단 하나밖에 없는 소중한 고조선의 문화유산을 파괴하고 나면 장차 무슨 낯으로 조상을 대할 것이며, 또 먼 훗날 우리 후손들에게 무엇을 물려줄 것인가.

9. 춘천 중도를 살리지 않고서는 한국의 국혼은 살아날 수 없다

한국인의 역사 의식의 결여와 국혼의 부재를 반영하는 두 가지 상징적인 사건이 있다. 첫째 시진핑 중국 국가주석이 미국 대통령 트럼프를 만난 자리에서 "한국은 역사상 중국의 일부였다."라고 말했을 때 한국 정부, 의회, 언론계, 학계 그 어느 누구도 나서서 이를 공개적으로 비판한 사실이 없다.

가령 시진핑이 중국 공산당 간부들과 술자리에서 농담 삼아 던진 말이라 하더라도 한나라의 주권을 침해하는 이런 발언은 결코 웃어넘길 수 없는 일이다. 더구나 사석이 아닌 양국 정상이 공식적으로 만나는 공식 석상, 그것도 미국의 대통령을 만난 자리에서 이런 발언을 한 것은 "한국은 역사상 존재하지 않았으며 중국 땅의 일부였다."는 것을 세계를 향하여 공표를 한 것이다.

그런데 8,000만 민족 가운데 시진핑을 향하여 공식적으로 이의를 제기하거나 공개적으로 비판성명 하나 낸 사람이 없다는 것은 오늘 한국인의 역사의식의 결여와 국혼의 부재가 얼마나 심각한 수준인가를 단적으로 반영하는 것이다.

둘째 춘천 중도문화는 한국의 고조선을 고고학적으로 입증하는 최대 유적이자 유일한 유산이다. 이것은 유일무이한 유적이기 때문에 한번 파괴되면 더 이상의 재생이나 복구가 불가능하다.

그런데 이런 진귀한 유적을 포크레인을 동원하여 뭉개버리고, 그 자리에 플라스틱 장난감 회사 레고를 끌어들여 레고랜드를 짓는 것은 한국인의 국혼의 부재가 얼마나 심각한가를 단적으로 반영하는 상징적인 사건이다.

시진핑의 망언에 대해서는 그것을 학술적으로 논리적으로 비판한 『중국은 역사상 한국의 일부였다』라는 심백강의 저서가 출간됨으로써, 한국인이 그나마 체면유지는 할 수 있게 되었다. 그러나 레고랜드는 지금 진행형이다. 불도저와 포크레인으로 중도문화를 파괴하고 플라스틱 놀이공원을 완성하기 위한 공사가 계속 진행되고 있다.

춘천 중도문화를 살리지 않고서 수수방관한 채 한국의 국혼 부활을 논한다는 것은 말장난에 불과할 뿐이다. 춘천 중도를 더 이상의 개발을 중단하고 원상 복구토록 하는 것이 한국 국혼 부활의 첫걸음이다.

10. 레고랜드 사업을 추진한 당시의 대통령, 강원도지사, 문화재청장, 문화재위원장은 역사 참사의 5대 죄인이다

2013년 7월 24일 박근혜 대통령이 최문순 강원도지사와 춘천 중도 레고랜드 개발 예정부지를 방문하고 "진입교량 건설사업비의 국비지원을 긍정적으로 검토하라."고 지시했다. 《뉴시스 서울, 2013. 7. 24》

박근혜 대통령은 지난 2013년 7월 24일 레고랜드 코리아 건설현장을 방문, '테마파크 유치로 관광산업 부흥과 일자리 창출에 크게 기여할 것으로 기대된다며, 진입 교량 건설사업비의 국비 지원을 긍정적으로 검토하라고 지시했다. 이에 따라 정부는 총사업비 895억 원이 투입되는 교량건설비 가운데 50%인 447억 원을 지원하기로 확정했다.

박대통령은 이에 그치지 않고 같은 해 9월 25일 열린 제3차 무역투자진흥회의에서도 적극적인 지원을 아끼지 말라고 당부할 정도로 많은 관심을 보였다. 《강원도민일보, 2015. 7. 17》

이 두 기사를 통해서 우리는 춘천 중도 레고랜드 개발사업은 당시 강원도지사 최문순이 앞장서서 추진했고 박근혜 대통령이 개발예정부지를 방문하여 관광산업 부흥과 일자리 창출에 크게 기여할 것으로 오판하고, 진입교량 건설사업비의 국비 지원을 약속하는 등 적극적으로 지원함으로써 사업이 탄력을 받아 추진하게 되었음을 알 수 있다.

그러나 춘천 중도 레고랜드 개발사업을 진행하는 과정에서 2013년 10월부터 2014년, 2015년 고인돌 무덤, 대형 주거지, 비파형 동검 등 우리나라 최대의 고조선 유적이 발굴되었다. 그야말로 한국의 고대사를 새로 써야할 정도의 청동기시대 유적이 발굴된 것이다.

이때 문화재청과 문화재위원회가 중도 유적은 춘천지역에 국한된 유적이 아니라 국가적 세계적 문화유산이라는 점을 직시하고 그 유적의 가치를 정부와 국민에게 널리 알려 적극적으로 나서서 공사를 중단시켰어야 했다.

문화유산 특히 중도와 같은 유일무이한 역사유적은 원상을 보존시켜야 하며 어떠한 명분으로도 이전하거나 훼손해서는 안 됨에도 불구하고 문화재청은 청동기시대 중도유적을 걷어내 흙을 덮고 그 위에 레고랜드의 각종 시설을 짓도록 승인하였다.

문화재청은 고인돌 무덤을 해체 이전하고 그 자리에 레고랜드와 호텔 위락시설을 건설하도록 허가하였고, 문화재위원회는 중도유적의 이전 또는 매립을 허가하는데 방조하는 역할을 하였다.

국가의 문화재를 보전·보존해야할 책임이 있는 문화재청과 문화재위원회가 이처럼 문화재를 파괴하는 데 방조한 것은 대통령이 관심을 갖는 사업이므로 국가시책에 호응한다는 차원에서 이런 어리석은 만행을 저질렀을 수도 있다.

그러나 당시의 문화재청장 나선화와 문화재위원장 김정배는 역사문화를 보존하고 보호해야할 최고 책임자의 위치에 있던 사람들로서 중도문화 파괴에 동조한 책임을 면하기 어렵다.

박근혜 대통령 때 레고랜드 사업이 추진되었다 하더라도 정권이 바뀌어 문재인이 집권하게 되었으므로, 문재인이 역사의식을 가지고 이를 중단시켰더라면 오늘날과 같은 불행한 사태로 발전하지는 않았을 것이다. 그런데 그 사업을 계속 밀어붙이도록 지원하였으므로, 문재인 전 대통령 또한 역사 참사의 죄인이란 굴레에서 자유로울 수가 없는 것이다.

11. 이런 일이 되풀이되지 않도록 하기 위해 역사 참사를 일으킨 원흉을 단죄해야 한다

당시에 대통령 박근혜, 문재인, 강원도지사 최문순, 문화재청장 나선화, 문화재위원장 김정배 5인 중에 어느 한 사람만 국혼이 살아 있었어도 이런 민족의 불상사, 역사의 참사는 일어나지 않았을 것이다.

이런 역사 참사는 한 번으로 족하다, 두 번 다시 되풀이되어서는 결코 안 된다. 그러면 재발 방지를 위해 어떻게 해야할 것인가. 죄인을 단죄해야 한다. 어떻게 단죄할 것인가.

지금 비록 시간이 지났지만 당시에 여기에 관련된 당사자들은 민족과 역사 앞에 참회하고 반성하고 책임지는 모습을 보이기 위해 먼저 국민들 앞에 사과 성명을 발표해야 할 것이다.

그리고 레고랜드 사업을 모의하고 기획한 역사 참사의 원흉 전 강원도지사 최문순은 그동안의 공직을 모두 박탈하여 기록에서 삭제하고, 영원히 국가의 공직을 다시 맡지 못하도록 해야 한다. 아울러 그 더러운 이름을 교과서에 실어 역사를 망친 죄인의 상징으로 응징함으로써 후손 가운데 다시는 이런 부끄러운 역사 참사를 되풀이하는 일이 없도록 경계해야 할 것이다.

12. 윤석열 정부는 레고랜드를 철거하고 중도문화를 원상복구하여 후손에게 물려주라

지금이라도 늦지 않았다. 윤석열 정부는 중도 문화 유적 위에 세워진 플라스틱 장난감 공원 레고랜드를 철거하고, 중도 문화 유적을 원상복구해서 후손에게 물려주어야 한다.

문제는 지금까지 투입된 돈을 어떻게 마련하여 레고랜드 측에 배상하고 또 중도유적을 성역화하여 국가적 고조선 역사유적지로 조성할 것인가 하는 점이다.

이것을 배상하고 새로 유적을 조성하자면 최소한 5,000억 원 가량이 소요될 것이다. 어떻게 이런 거대한 자금을 마련할 수 있을 것인가.

첫째 정부가 나서서 중도유적의 역사적 가치를 국민에게 설명하고 원상복구를 위한 비용 5,000억 정도를 국민 세금으로 마련하는 방안이다. 둘째 10대 재벌기업이 500억씩 출연하여 기금을 조성하는 방안이다. 셋째 국민 성금을 모금하는 방안이다.

5,000만 국민이 1인당 1만 원씩을 갹출하면 5,000억 원이 된다. 여론조사를 통해 국민에게 그대로 레고랜드로 가는 게 좋은지 원상복구를 하는 것이 좋은지 의견을 묻고 원상복구의 찬성자가 많으면 중도유적복원국민위원회를 출범시켜 작업을 진행하면 될 것이다.

윤석열 정부는 먼저 중도문화를 파괴하는데 참여한 5인의 책임을 묻고 원흉 최문순을 역사의 죄인으로 단죄해야 한다. 그리고 위의 세 가지 방안 중에 어느 하나를 선택하여 레고랜드를 철거하고 중도문화를 원상 복구시켜 세계적 역사유적, 인류의 문화유산으로 가꾸어 후손에게 물려주어야 한다.

13. 맺는 말

아오이도(井戶茶碗) 다완, 조선에서는 막사발로 쓰이던 그릇인데 일본에서는 국보로 대접을 받는다. 일본에서 만일 중도와 같은 거대한 청동기시대 역사유적이 발견되었다면 어떤 대접을 받았을까. 중앙 언론에서 연일 대서특필하여 벌써 세계적인 명소로 각광을 받았을 것이다.

우리는 어떤가. 세계를 깜짝 놀라게 할 중도 문화 유적이 발굴되자 부동산업자가 포크레인으로 갈아 엎기에 급급했고, 발굴된 유물을 비닐봉지에 쓸어 담아 잡석 취급하여 강가에 내팽개쳤다. 이것이 단군 이래 최대의 역사 참사가 아니고 무엇이냐.

강원도 춘천의 중도 레고랜드 사태는 춘천시장이나 강원도 지사가 풀 수 있는 사안이 아니다. 대한민국의 대통령이 나서서 책임지고 풀어야할 국가적 사안이다. 중도문화 유적은 국가적 세계적 문화유산이기 때문이다.

노자는 "천하를 다스리는 지도자가 되는 것은 신의 의지가 담겨 있으며 인위적으로 할 수 있는 것이 아니다."라고 말하였다. 한 나라의 수장으로서 국민을 대신해 나라를 이끌어가는 대통령은 하늘의 뜻이 아니면 불가능하다는 의미이다.

현재 대한민국 대통령은 5년 임기로 되어 있다. 5년짜리 대통령이 할 수 있는 일은 제한적이다. 그러므로 대통령이 되는 것보다도 임기 5년 동안에 무슨 가치 있는 업적을 남길 것인가가 중요하다.

다시 말하면 시대적인 과제를 직시하고 그것을 해결함으로써 역사에 향기를 남기는 대통령이 될 것인가 반대로 시대를 역행함으로써 역사에 악취를 남기는 대통령이 될 것인가가 중요한 것이다.

5년 임기에서 윤석열 정부도 벌써 6개월이 지났는데 국민에게 보여준 것은 별로 없다. 윤석열 정부가 국부를 넘어 국혼을 살리는 것이 시대적 과제임을 직시하고 국혼을 살리는데 국정의 중심을 두어야 한다.

중도문화를 복원하여 레고랜드 사태를 슬기롭게 해결한다면, 죽어 있는 국가의 국혼을 되살린 대통령으로 역사에 기록되게 될 것이다. 그것이 국가와 민족과 역사가 사는 길이고 또한 윤석열 대통령이 사는 길이기도 하다.

제7장 민족정기 회복

한국 수도 서울의 한강,
왜 한강韓江이 아니고 한강漢江인가
- 한강의 우리말 옛 이름을 되찾는다 -

제4차 국혼포럼 발표 2024. 7. 5

1. 머리에

중국 대륙의 서쪽 섬서성에 뿌리를 둔 한족들은 역사상에서 동방의 밝족을 가리켜 동이족이라고 지칭해왔다. 중국의 황하 유역이 한족의 발상지라면 만리장성 밖 발해 유역은 밝족의 활동무대이다.

중국문명은 황하문명으로 대표되고 만리장성 밖 발해 유역은 미개한 야만인의 땅이라고 인식한 것이 그동안 한, 중, 일의 학계가 지녀왔던 보편적 역사상식이다.

그러나 최근에 발해 유역에서 황하문명을 능가하는 찬란한 밝족의 홍산문화가 발굴됨으로써 발해문명이 황하문명을 견인한 중국문명의 원류라는 새로운 사실이 고고학적으로 입증되게 되었다.

발해 유역의 홍산문화와 오늘날의 한국인은 상호 어떤 연결고리를 찾을 수 있는가. 홍산문화는 여신을 모신 여신전, 하늘에 제사 지내는 제단, 돌을 쌓아 만든 적석총으로 상징되는데, 한국의 강화도 마리산에는 단군이 하늘에 제사 지낸 제천단이 있고 서울시 송파구 석촌동에는 홍산문화의 적석총을 쏙 빼닮은 적석총 유적이 전해오고 있다. 이는 오늘의 한국인이 만리장성 밖의 홍산문화를 계승했음을 보여주는 흔적이다.

사마천은 한족이 전성기를 구가하던 한무제 시대에 태어나 한나라 이전의 중국 3,000년 역사를 정리하여 『사기』를 편찬했는데 황하문명을 창조한 한족을 중심에 두고 황제본기로서 중국 역사의 첫 장을 열었다. 중화민족의 시조로서 황하 중류의 화산華山과 위하渭河 유역을 무대로 활동한 황제 헌원을 중국 역사의 주역으로 등장시킨 것이다.

그러나 공자는 『주역』 계사에서 복희씨伏羲氏 시대를 지나서 신농씨 시대가 열리고 신농씨 시대를 지나서 황제 헌원씨 시대가 도래했다고 말했다. 복희씨는 태호 복희씨로 호칭 되는데 태호太昊는 우리말 한밝이고 복희는 복은 우리말 밝, 희는 밝을 희 자로 '밝은 이'의 한자 표기이다.

복희라는 명칭이 시사하는 바와 같이 복희씨는 밝족 즉 한족들이 말하는 동이족의 시조이다. 『주역』의 역사관에 따르면 중국 문명을 창조한 인문人文의 시조는 황제 헌원이 아니라 태호 복희씨가 분명하다.

오늘날 한국인들 가운데 복희씨가 한국인의 조상이라는 사실을 아는 사람은 많지 않다. 그런데 고구려 고분 벽화에는 복희씨가 등장한다. 이는 고구려에서는 복희씨를 조상으로 숭배했다는 증거를 보여주고 있다.

오랜 세월이 흐르고 또 바이칼과 발해 유역에서 한반도로 이동해오는 과정에서 우리는 밝족의 조상이 복희라는 사실을 잃어버렸다. 그러나 한국의 국기는 팔괘를 원용하여 도안했는데 팔괘를 창조한 분이 바로 복희씨이다. 오늘날 한국인의 가슴속에 비록 복희씨가 민족의 조상이라는 의식은 존재하지 않지만 복희 팔괘를 국가의 상징인 국기로 사용하는 데서 복희와 한국인이 깊이 연관되어 있다는 흔적을 발견할 수 있다.

우리 한국인은 중국문명의 원류인 홍산문화를 창조한 주역이고 중국민족의 시원인 복희씨를 계승한 자랑스러운 민족이다. 단지 그것을 잃어버려 우리의 기억에서 사라졌을 뿐이다. 우리의 기억에서 사라졌다고 해서 역사가 통째로 지워진 것은 아니다. 그것은 일부 문헌으로 남아 있고 또 고고유물의 발굴을 통해서 증명된다.

한강은 한국의 강원도, 충청북도, 경기도, 서울특별시를 동서로 가로질러 황해로 흘러 들어가는 강의 명칭이다. 강원도 태백시에서 발원한 남한강과 강원도 금강산 부근에서 발원한 북한강은 경기도 양평군 양수리에서 합류하여 한강이 된다. 한강은 계속 북서 방향으로 흐르면서 왕숙천王宿川, 중랑천中浪川, 안양천安養川 등의 소지류를 합류하여 김포평야를 지난 뒤 황해로 들어간다.

우리가 까마득히 잃어버린 또 하나의 중요한 것을 든다면 바로 한강漢江의 역사와 그 본래의 명칭이 아닐까 한다. 한강은 동양 역사상에 두 개의 한강이 있었다. 밝족의 한강은 『산해경』에 최초로 보이고 한족의 한강은 『시경』에 그 기록이 처음 등장한다.

한족의 발상지 섬서성에서 발원하여 장강과 황하 사이를 흐르며 한족의 모태가 된 것이 한족의 한강이고 만리장성 밖 발해 유역에 위치하여 고조선, 부여, 고구려, 백제의 젖줄이 되어 준 것이 밝족의 한강이다.

아래에서 한족의 한강과 밝족의 한강이 어떻게 다르고 밝족의 한강이 한반도에 등장하게 된 역사적 배경은 무엇이며, 또 한강의 우리말 옛 이름은 무엇이었는지 등을 고찰하고자 한다. 그리고 그것이 역사상에서 어떻게 의미가 변질되었고 지금은 무어라 명칭을 바꾸는 것이 현실적으로 바람직한 대안인지에 대해서도 아울러 검토하고자 한다.

2. 중국 4대 강 중의 하나 한강漢江

중국은 세계에서 강이 가장 많은 국가 중의 하나이다. 수많은 장강長江 대하大河가 있는데 그중에 유역 면적이 1,000평방킬로미터를 초과하는 강의 숫자만 2,221개에 달한다.

오늘날 중국의 7대 강으로는 송화강, 요하, 해하, 황하, 회하, 장강, 주강을, 10대 강으로는 장강, 황하, 흑룡강, 송화강, 주강, 아로장포강雅魯藏布江, 난창강, 노강, 한강, 요하를 꼽는다. 현재 중국의 7대 강에는 한강이 포함되지 않지만 10대 강에는 한강이 포함된다.

그런데 전국시대의 맹자는 중국을 대표하는 4대 강으로서 장강, 회하, 황하, 한강(江淮河漢)을 꼽았다. 강의 길이나 유역 면적을 기준으로 볼 때 중국에는 한강보다 더 큰 강들이 많이 있다. 맹자는 왜 한강을 중국 4대 강 중의 하나로 꼽았을까.

공자가 편찬한 『시경』에는 서주西周 시대의 민요 한광漢廣이란 시가 국풍國風 주남周南에 실려 있는데 이는 문왕의 덕화가 한강 유역에 널리 미쳐 그 지역 여인들이 예의를 지키고 문란하지 않은 것을 묘사한 시이다.

또한『시경』의 대아大雅에는 강한江漢이란 시가 실려 있다. 이는 서주의 선왕宣王이 한강漢江 유역에서 소목공召穆公을 임명하여 회이淮夷를 평정함으로써 쇠퇴한 주나라를 중흥시킨 것을 당시의 시인이 찬미한 것이다.

중국의 한강 유역은 서주 시대에 중원문명의 중심지였다. 따라서 공자는『시경』을 편찬함에 있어서 한강 유역에서 유행하던 민간의 가요와 시인들이 남긴 한강과 관련 있는 시가들을 수록하여 후세에 전했다.

맹자가 중국 대륙의 서쪽 변방 섬서성 번총산幡冢山에서 발원한 한강을 중국의 4대 강 중의 하나로 손꼽았던 것은 그 강의 길이나 유역 면적보다는 그가 존화양이尊華攘夷 사상을 지녔던 공자의 계승자로서 한강이 지닌 중원문화의 발상지적 가치를 높이 평가한 데 따른 것이라고 여긴다.

최근 중원과 멀리 떨어진 만리장성 밖 요하 유역에서 문화적 가치로 볼 때 중국의 한강 유역을 훨씬 능가하는 홍산문화 유적이 발굴되었다. 2,400년 전 전국시대에 태어났던 맹자는『시경』을 통해서 3,000년 전 서주문화의 중심지로서의 한강에 관한 내용은 접할 수 있었지만 8,000년 전 동이족의 땅 요하

유역에서 이룩된 찬란한 홍산문화는 알 수가 없었다.

맹자가 만일 오늘날에 태어났더라면 중국 4대 강 중의 하나로서 섬서성의 한강보다는 요녕성의 요하를 포함시키지 않았을까 하는 생각을 해본다.

강의 길이나 유역 면적이 아닌 문화적 가치를 기준으로 중국의 강을 평가한다면 '장강, 회하, 황하, 한강(江淮河漢)이 아닌 요하, 회하, 황하, 장강(遼淮河江)의 순이 되어야 한다고 여겨지기 때문이다.

3. 중국 한강漢江 유역의 한중漢中에서 유방이 한왕조의 기틀을 다지다

중국의 한강은 장강長江의 최대 지류로서 섬서성 서남쪽의 영강현寧强縣 번총산에서 발원하여 동남쪽으로 흘러 섬서성 남부와 호북성 서부, 중부를 지나 무한시武漢市에서 장강으로 유입된다.

한강의 전체 길이는 1,532킬로미터이고 유역 면적은 174,000 평방 킬로미터이다. 한강은 상류에서 한중漢中 분지를 경유하고 중류의 단강구丹江口 아래에서 평원에 진입하며 하류에서 강한 평원江漢平原에 유입된다.

중국 대륙의 서쪽에 위치한 섬서성은 문왕, 무왕, 주공으로 상징되는 서주문화의 요람이지만 또 한편 섬서성에서 발원한 한강의 상류에 위치한 한중漢中 지역은 바로 유방劉邦(서기전 247~서기전195)이 세운 한왕조漢王朝의 발상지이기도 하다.

한중시漢中市는 현재 섬서성의 관할 시로 되어 있다. 한중은 한강이 이곳을 경유하기 때문에 붙여진 명칭인데 전국시대 진 혜문왕秦惠文王 경원更元 13년(서기전 312)에 최초로 한중군漢中郡을 설치했고 진 태강晉太康 10년(289) 한국漢國을, 명나라 홍무洪武 3년(1370) 한중부漢中府를, 1996년 한중시를 설치했다.

중원을 상징하는 서주가 한강 유역을 무대로 성장했고 특히 유방의 한왕조가 한중을 터전으로 발전하였으므로 예로부터 이곳은 한족의 발상지 또는 전 세계 한인의 고향(全球漢人老家)으로 불려진다.

유방은 패현沛縣 풍읍豐邑 중양리中陽里 지금의 강소성 서주시 풍현 사람이다. 진나라 말엽 항우와의 전쟁을 승리로 이끌며 농민출신으로는 최초로 중국의 황제 자리에 오른 인물이다.

유방은 진시황의 통일왕조 건립 후에 패현의 사수泗水 정장亭長을 역임했는데 반진 대열에 참가하여 패공沛公을 자칭했고 나중에는 반진 의병수령 항량項梁의 휘하에 들어가 활약하여 무안후武安侯에 봉해졌다.

진 2세 3년(서기전 207) 군대를 이끌고 진나라 수도를 공격하여 진왕秦王 자영子嬰의 항복을 받아냈고 진나라의 악법을 모두 폐기한 다음 약법삼장約法三章을 공약하여 민심을 크게 얻었다.

뒤에 항우가 군대를 이끌고 진나라 수도 관중으로 쳐들어왔는데 당시 유방의 군대는 10만, 항우는 40만의 병력을 소유하고 있어 중과부적이었다. 이때 항우는 스스로 서초패왕西楚霸王에 취임하여 황제의 권력을 행사하며 천하 제후를 분봉하는 작업을 시행했는데 유방은 한왕漢王에 임명되었다. 영지는 한중과 파巴, 촉蜀 등 41개 현이었고 도읍은 남정南鄭으로 정했다.

사마천『사기』고조본기는 그러한 사실을 다음과 같이 전하고 있다. "다시 패공을 세워 한왕으로 삼았다. 파촉과 한중을 영지로 하였고 남정에 도읍을 정하였다.(更立沛公爲漢王 王巴蜀漢中 都南鄭)"

지금의 섬서성 서남쪽 한중시 남정현이 바로 그곳인데 한중 일대가 한왕 영지의 중심지역이었으므로 이때부터 유방은 한왕漢王으로 불렸다. 그 5년 뒤(서기전 202) 유방은 초한 전쟁에서 최후의 승자가 되어 천하를 통일해서 한왕조를 건립했는데 처음에는 낙양에 도읍했다가 나중에 장안으로 천도했다. 그후 유방은 한漢 12년(서기전 195) 이성 제후왕인 영포英布의 반란을 진압하러 갔다가 큰 상처를 입고 회복하지 못한 채 결국 서거했다.

유방이 세운 한왕조는 서한, 동한을 합쳐 약 400여 년 동안 왕조를 유지했는데 한족이 세운 왕조들 가운데서 대표적인 성격을 띤 유방의 한왕조가 처음 기반을 다진 곳이 바로 섬서성 한강 유역의 한중이다.

4. 중국의 한강漢江이 한족, 한문화의 발상지로서 자리매김하다

한왕조는 서기전 202년에 유방이 장안에 도읍을 정하고 건국했다. 서기 9년에 외척 왕망王莽에 의해 멸망했는데 역사상에서는 이를 서한西漢이라고 호칭한다. 서한은 모두 13명의 황제를 배출했고 210년 동안 왕조를 유지했다.

동양 최초의 사회주의자로 일컬어지는 왕망은 한나라를 멸망시킨 후 국호를 신新으로 바꾸고 변법개혁을 단행했다. 전국의 토지를 왕전王田으로 바꾸어 개인의 토지 소유 수량을 제한하고 규정을 초과하여 소유한 지분은 가난한 친족이나 이웃들에게 나누어주어 빈부격차를 줄이도록 했다.

노비의 매매를 금지시키고 공, 상업의 농단을 견제하고 국가경영 기업을 활성화하는 등 당시로서는 상상할 수 없는 파격적인 여러 조치들을 숨가쁘게 단행했다. 그리고 국법을 준수하지 않고 위반하는 자는 멀리 귀양을 보내도록 단호하게 조처했다.

왕망의 개혁은 오늘날 같았으면 찬사를 받을 일이지만 2,000년 전 봉건주의 시대의 시대를 앞서간 급진적인 변법개혁은 농민들의 반발을 불러왔고 왕망은 결국 농민반란군 조직인 적미군赤眉軍과 녹림군綠林軍에 의해 재위 15년 만에 장안에서 피살되었다.

한왕조의 종실인 유수劉秀가 한왕조를 다시 일으켜 세우고 낙양에 도읍을 정했는데 역사상에서는 이를 동한東漢이라고 호칭한다. 동한은 14명의 황제를 배출했고 왕조를 유지한 기간은 195년이다.

동한 후기에 척신, 환관의 투쟁이 일어나고 당고黨錮의 화가 두 차례나 발생하는 등의 실정으로 인해 장각長角을 영수로 하는 머리에 누런 수건을 두른 대규모 농민반란군이 봉기하여 군웅이 할거하는 시대가 열렸고 서기 220년 결국 조조의 아들 조비曹丕에 의해 동한이 멸망하고 위魏나라가 건국되었다.

한왕조는 400여 년간 왕조를 유지했는데 그때 저들의 영향력은 막강했다. 동쪽으로는 조선의 서쪽 지금의 하북성 동북쪽에 한사군을 설치했고 남쪽으로는 지금의 강소성, 절강성, 복건성을 중국에 편입시켰으며 서쪽으로는 파미르고원을 넘었고 북쪽으로는 몽골에 이르렀다. 당시로서는 한나라가 세계 최강의 문명국가였다. 여기서 한족, 한문화, 한학, 한어라는 용어가 출현하게 된 것이다.

그 뒤에 한족이 중국에 건국한 나라들, 예컨대 당나라, 송나라, 명나라 등 여러 국가가 있었다. 그러나 이들에 대하여 당족, 송족, 명족이라 호칭하지 않고 모두 한족이라 부른다. 이는 유방 이후의 중국은 모두 한족, 한문화로 대표된다는 것을 의미한다.

중국의 한강은 한족의 고향이자 한문화를 낳은 어머니이다. 한왕조의 한漢이란 국명은 한중漢中에서 유래했고 한중이란 지명은 한강漢江에 뿌리를 두고 있으므로 한강은 한왕조의 요람이 되는 셈이다.

유방이 한왕조를 건립하기 이전에 한강은 하나의 강 이름에 불과했다. 그러나 유방이 한왕조를 건립한 이후에 한강은 중국민족, 중국문화를 상징하는 이름이 되었다.

한나라는 한중에서 왔고 한중은 한강에 기원을 두고 있다. 한강이 있음으로서 한중이 있고 한중이 있음으로서 환왕조가 건립될 수 있었다.

중국 한족에게 있어 한강이 갖는 정신적 문화적 의미는 굳이 긴 설명이 필요치 않다. 따지고 보면 한족, 한자, 한문화, 한인, 한어 등이 모두 한강이라는 명칭의 한漢이란 글자에 기원을 두고 있기 때문이다.

중국의 한강은 한족의 상징이자 한문화의 요람으로서 영원히 한족의 마음속 깊이 자리하고 있는 것이다.

5. 우리민족 최초의 한강은 중국 만리장성 북쪽에 있었다

『산해경』해내서경에 "맥국은 한수漢水의 동북쪽에 있다. 연나라와 가까운 지역으로 연나라에 의해서 멸망하였다.(貊國在漢水東北 地近于燕 滅之)"라는 기록이 나온다.

중국 섬서성에 근거지를 둔 서주西周는 하남성 안양시에 있던 은나라를 멸망시킨 다음 동쪽을 침략하여 고조선의 옛 땅 오늘의 북경 남쪽에 서주의 제후국 연나라를 세웠는데 연나라는 신생 약소국가라서 전성기에도 그 강역은 오늘날의 하북성 일대를 벗어난 적이 없다.

그런데 연나라 부근 한수漢水 동북쪽에 맥국이 있었다고 『산해경』에 기록된 것을 본다면 지금의 중국 하북성 가까운 지역 어딘가에 한수가 있고 그 한수 동북쪽에 예맥족의 나라 맥국이 존재하고 있었음을 알 수 있다.

진晉나라 곽박郭璞(276~324)은 『산해경』의 맥국에 대한 주석에서 "지금의 부여국이며 즉 예맥의 옛 땅이다. 장성의 북쪽에 있다.(今扶餘國 卽濊貊故地 在長城北)"라고 말하였다.

『산해경』에서 말한 맥국이 곽박이 생존했던 동진시대에는 부여국으로 명칭이 바뀌었고 그 부여국은 만리장성 북쪽에 위치하고 있었음을 알 수 있다.

만리장성은 북경시 북쪽을 경유 한다. 만리장성 북쪽이라면 홍산문화가 발굴된 내몽고 적봉시, 송나라 때까지 조선하로 불렸던 지금의 북경시 북쪽 조하 일대가 여기에 해당하는 지역이다.

곽박은 『산해경』뿐만 아니라 『주역』, 『이아爾雅』, 『초사楚辭』와 같은 여러 동양 고전들을 주석한 양진兩晉시대를 대표하는 학자이다. 그가 허튼소리를 했을 리 만무하다.

곽박의 주석을 통해서 본다면 홍산문화와 고조선을 계승한 예맥족의 나라 부여국이 서한, 동한, 삼국시대를 지나 동진시대까지도 만리장성 밖 예맥족의 고토에서 건재하고 있었음이 분명하다.

다만 곽박이 맥국에 대해서만 주석을 내고 한수에 대해서는 주석을 생략한 것이 유감인데 아마도 당시에 맥국은 부여국으로 명칭이 바뀌어 부연설명이 필요했지만 한수는 특별한 변화 없이 그대로 한수로 불렸기 때문에 주석을 생략한 것이 아닌가 여겨진다.

그런데 여기서 한가지 주목되는 점이 있다. 『산해경』의 이 맥국 기록에 대하여 청나라의 역사학자 의행懿行은 다음과 같은 설명을 덧붙이고 있다. "한혁편에서 말한 추(예)와 맥은 이를 두고 말한 것이다.(韓奕篇云 其追其貊 謂此)"

『시경』 대아 한혁편에는 "드넓은 한국韓國의 한성이 연나라 부근에 있다. 한국의 선조들은 여러 만족들의 수장이 되었다. 한국의 임금은 추(예)맥족의 지도자로서 북방 국가의 패자가 되었다."라고 말한 대목이 나온다.(溥彼韓城 燕師所完 以先祖受命 因時百蠻 王錫韓侯 其追其貊 奄受北國 因以其伯)"

의행은 『시경』에서 말한 예맥족의 한국과 『산해경』에서 말한 한수 동북쪽의 맥국이 동일한 나라라고 본 것이다. 두 가지 기록은 하나는 한국에 관한 것이고 하나는 맥국에 대한 것으로 국가의 명칭은 서로 다르지만 연나라 부근에 있던 예맥족 국가에 대한 이야기를 다룬, 즉 같은 내용에 대한 다른 기록이란 것이다.

『산해경』에 나오는 맥국 이야기가 바로 『시경』에 나오는 예맥족 한국의 이야기라고 본 의행의 관점은 설득력이 있다. 왜냐하면 여기에는 연나라 부근에 있던 맥족 국가라는 공통분모가 존재하기 때문이다.

다만 한가지 제기되는 의문은 연나라 부근에 있던 맥국이 바로 서주시대 예맥족 국가 한국韓國이라면 그 부근을 흐르는 강 이름은 왜 한강韓江이나 맥강貊江이 아닌 한수漢水인가 하는 것이다.

만리장성 북쪽에 한수漢水가 있었다는 기록은 『산해경』이외에 다른 기록에서는 찾아볼 수 없다. 중국의 다른 문헌에 한수가 보이지 않는 것은 아마도 중원이 아닌 만리장성 밖 동이족의 땅에 있었던 때문일 것이다. 그러나 『산해경』의 기록을 인정한다면 만리장성 밖 동북쪽에 황하 중류의 섬서성에서 발원한 한강과 다른 예맥족의 한강이 있었던 것은 분명하다.

6. 한반도에 한강이란 이름이 출현하게 된 역사적 배경

『삼국사기』에 의하면 고구려본기, 신라본기, 백제본기에 모두 한강에 관한 기록이 나온다. 이는 우리나라 삼국시대에 한강이란 명칭이 존재했음을 말해준다.

다만 백제본기에 특히 한강에 관한 기록이 많이 등장하는 것은 한강이 백제의 강역으로 존재했던 기간이 길었던데 연유된 것으로 여겨진다. 백제 온조왕 13년 조에는 "한수의 남쪽을 관찰하였다(觀漢水之南)"라고 보이고 또 14년 조항에는 "한강의 서북쪽에 성을 쌓았다.(築城漢江西北)"라고 나오는 것으로 보아서 백제의 한수는 또한 한강으로도 불렸음을 알 수 있다.

『삼국사기』 백제본기 시조 온조왕 조항에 의하면, 온조는 전한前漢 성제成帝 홍가鴻嘉 3년(서기전 18)에 하남河南 위례성慰禮城에 도읍하고 국호를 처음에는 십제十濟라고 했다가 나중에 백제百濟로 개정했다고 말했다.

뒤에 온조왕 13년 봄에 신하들에게 "국가의 동쪽에는 낙랑이 있고 북쪽에는 말갈이 있어 변경을 침공하여 편안한 날이 적기 때문에 장차 도읍을 옮겨야 되겠다. 내가 어제 나가서 순행하다가 한수의 남쪽을 둘러보았는데 토양이 비옥하니 거기에 도읍을 정하여 영구히 편안할 계책을 강구하는 것이 좋겠다."라고 결심을 밝혔다.

　가을 7월에 한산 아래 목책을 세우고 위례성의 백성들을 그곳으로 이주시켰다. 8월에는 마한에 사신을 보내 도읍을 옮긴다는 것을 알리고 나라의 강역을 획정했는데 북으로는 패하浿河에 이르고 남으로는 웅천까지였으며 서쪽으로는 큰 바다에 닿았고 동쪽으로는 주양까지였다.

　14년 봄 정월에 천도하였고 가을 7월에 한강 서북쪽에 성을 쌓고 한성 백성들을 그곳에 나누어 살게 하였다.

　이것이 『삼국사기』 백제본기 시조 온조왕 조항에 나오는 내용인데 이를 통해서 백제가 초기에 하남위례성에 도읍했다가 나중에 한강의 남쪽으로 천도한 사실을 알 수 있다.

　여기에 낙랑, 패하, 한강 등이 등장하는 데 이를 반도사학처럼 낙랑을 대동강 낙랑, 패수를 대동강 패수, 한강을 지금 서울의 한강으로 보면 방위가 서로 맞지 않는다.

　만일 대동강 유역에 낙랑군이 있었다면 "낙랑이 하남위례성의 동쪽에 있다."는 말과 부합되지 않는다. 현재의 하남위례성에서 볼 때 대동강 낙랑은 동쪽이 아니라 북쪽이 되기 때문이다.

　그리고 백제시대 초기의 한강이 현재 서울의 한강이 아니라는 논리는 다음의 기록을 통해서도 증명된다. "백제 초고왕 2

년 8월에 신라왕이 일길찬一吉湌 흥선興宣을 보내 군사 2만 명을 거느리고 와서 백제국 동쪽의 여러 성들을 침공하게 하고 신라왕이 또 몸소 정예기병 8천 명을 인솔하고 연이어 공격하여 한수까지 이르렀다."

당시 신라가 경주에 있고 백제는 한강 남쪽에 있었다면 신라에서 볼 때 한강은 백제의 북방에 위치하여 한강을 공격하기 위해서는 백제의 도성을 경유해야 한다. 신라왕이 백제를 공격하기 위해 백제의 도성을 가로질러 백제의 북쪽에 있는 한수까지 갔다는 것은 논리적으로 성립될 수 없으며 따라서 이는 백제 초고왕 당시의 한강이 지금 서울의 한강이 아니라는 반증이 된다.

온조왕본기에 말한 낙랑과 패하는 대동강 유역이 아니라 하북성 발해 유역에 있던 낙랑과 패수이고 그것을 인정한다면 한수도 만리장성 북쪽의 곽박이 말한 부여 땅에 있던 한수로 보아야 한다.

『삼국사기』에 백제에 대해 설명하면서 "그 세계가 고구려와 함께 부여에서 나왔다. 그러므로 부여로써 성씨를 삼았다.(其世系與高句麗 同出扶餘 故以扶餘爲氏)라고 말하였다.

백제와 고구려가 다 부여를 계승했지만 특히 백제가 부여씨로서 부여의 정통성을 이었다는 점을 감안 한다면 온조왕 시대의 백제는 만리장성 밖 부여 땅에 있었고 이때의 한강은 서울의 한강이 아니라 만리장성 북쪽에 있던 옛 한국의 한강, 부여국의 한강이었다고 보는 것이 옳을 것이다.

그러면 한반도에 한강이 출현하게 된 것은 어느 때부터인가. 즉 지금 한국 수도 서울의 한강이 한강으로 불려지게 된 것은 언제부터일까. 발해 유역에 있던 백제가 한족에 밀려서 한강 유역에 터전을 잡으면서부터 한반도에 한강이란 이름이 등장하게 되었고 그것이 고려와 조선에 이어졌으며 지금까지 우리가 한강이라 부르고 있는 것이라고 하겠다.

그러면 부여의 후손인 백제가 한반도에 와서 한강이란 명칭을 사용하게 된 배경은 무엇인가. 만리장성 밖 발해 유역에서 사용하던 한강이란 이름을 가져와서 그대로 사용했을 경우를 예상할 수 있다.

우리민족은 본래 거주하던 곳에서 다른 곳으로 이동을 하게 되면 국가와 민족만 이동하는 것이 아니라 지명도 함께 가져갔던 것이 역사상의 여러 실례를 통해서 확인된다.

한반도 춘천은 고대 맥국 땅이고 최근 춘천 상중도 하중도에서 발굴된 유적이 바로 그 맥국을 증명하는 유적이라고 본다. 춘천의 맥국은 만리장성 밖에 있던 맥국이 연나라에 의해 망하고 그 유민들이 춘천에 와서 세운 것이 아닌가 여겨진다.

부여의 후계세력인 백제도 춘천의 맥국처럼 본래부터 서울의 한강 유역에 있었던 것이 아니라 처음에 만리장성 밖 부여 땅 한강 부근에서 건국했다가 후기에 한반도 서울 한강 유역으로 이동해 온 것이 확실하다.

그러나 이주의 시기로 보면 춘천의 맥국이 서울의 백제보다 앞선다고 본다. 따라서 만리장성 밖의 맥국이 한반도 춘천으로 이주할 때 이미 한강이란 이름도 가져왔을 수 있다. 그렇다면 한강이란 명칭을 한반도에서 최초로 사용한 나라는 춘천의 맥국이라고 추정할 수 있다.

7. 우리 역사상에 등장하는 한강의 우리말 옛 이름은 밝강 즉 밝달강이다

『삼국지』 오환선비동이전 진한조에는 진한국 사람들의 낙랑군에 대한 호칭과 관련하여 다음과 같은 기록이 나온다.

"낙랑인들을 가리켜 아잔阿殘이라 부른다. 동방인들은 아我를 아阿라고 한다. 낙랑군 사람들이 본래는 그들의 잔여인 임을 말한 것이다.(名樂浪人爲阿殘 東方人名我爲阿 謂樂浪人本其殘餘人)"

이 기록을 통해서 우리는 한사군의 낙랑에 관하여 중국인과 진한인이 부르는 호칭이 서로 달랐음을 알 수 있다. 즉 중국인들은 낙랑이라 호칭한 반면 진한국 사람들은 아잔이라 불렀던 것이다.

아잔이란 무슨 뜻인가. 아는 우리를, 잔은 잔여세력을 가리키는 것으로서 우리 진한국의 잔여세력이란 의미가 된다.

중국문헌에서 낙랑이란 표기가 일반화되고 아잔이란 표현은 자취를 감추었다. 그러나 우리는 여기서 아잔이 낙랑군을 가리키는 순수한 고대 한국말이고 낙랑군은 중국인이 즐겨 사용한 중국식 용어임을 알 수 있다.

한사군은 본래 중국 영토가 아니라 한무제가 고조선의 서쪽 영토를 침략하여 설치했다. 그러므로 고대 한국 진한국의 입장에서 본다면 낙랑군은 우리의 잔여세력이라는 아잔이란 표현이 맞다.

낙랑이라고 하면 그 영토의 원주인이 누구인가가 분명하지 않지만 아잔이라고 하면 그 명칭 속에 낙랑군의 원주인은 진한국이라는 의미가 내포되어 있다.

그러므로 한국인의 입장에서는 낙랑군이란 표현보다는 아잔이란 명칭을 사용하는 것이 더 합리적이다. 그러나 오늘날 우리는 낙랑군을 가리키는 고대 한국어가 아잔이었다는 사실조차 까마득히 잊고 있다.

이것은 단지 하나의 예에 불과할 뿐이다. 오늘날 우리가 잃어버린 고대 순수한 우리말이 어찌 아잔뿐이겠는가. 우리 역사상에 등장하는 한강이란 용어도 순수한 우리말이 아니고 음차하여 기록한 한자 명칭이 지금에 남아 있는 경우라고 본다.

그러므로 오늘날 우리는 역사문화를 연구하는데 있어서 순수한 고대 우리말을 잃어버리고 주로 한문화가 수입된 이후 한자로 우리말을 기록한 중국문헌, 한문문헌에 의존하는 데서 오는 오류, 특히 표의문자인 한자로 우리말을 음차하여 옮겨 적는 과정에서 발생한 오역이 적지 않다는 사실에 유념해야 한다.

예컨대 1,103년 송나라의 손목孫穆이 사신을 수행하여 서장관書狀官 신분으로 고려에 와서 고려의 어휘 약 360여 개를 수록하여 『계림유사鷄林類事』라는 책을 펴냈다.

우리 한글은 표음문자라서 소리 나는 대로 적는 일이 가능하지만 한자는 뜻글자여서 발음의 표기에 어려운 점이 많다. 손목도 하는 수 없이 한자의 발음을 이용해서 고려의 말을 표기하는 방식을 취했는데 아래에 몇 가지 실례를 인용해보면 다음과 같다.

"雲曰屈林" "鬼曰幾心" "五曰打戌" "七曰一急" "二十曰戌沒" "三十曰實漢" "五十曰舜" "石曰突" "水曰沒" "井曰烏沒" "木曰南記" "竹曰帶" "胡桃曰渴來" "柿曰坎" "梨曰敗" "馬曰末" "祖曰漢了秘" "女子曰漢吟" "姑曰漢了彌" "耳曰愧" "口曰邑" "手曰遜" "足曰潑" "白米曰漢菩薩" "鹽曰蘇甘" "魚肉皆曰姑記" "弓曰活" "畫曰乞林" "高曰那奔" "深曰及欣"

여기서 우리말 쉰을 순舜, 돌을 돌突, 물을 몰沒, 대나무를 대帶, 감을 감坎, 배를 패敗, 말을 말末, 귀를 괴愧, 입을 읍邑, 손을 손遜, 발을 발潑, 활을 활活로 표기했는데 단지 한자 발음만을 취해서 우리말을 표기한 것일 뿐 한자가 갖고 있는 본래 의미와는 전혀 상관이 없다.

또한 손, 발, 활은 정확히 발음을 표현했지만 배를 패, 귀를 괴, 입을 읍이라 한 것은 발음표기도 정확하지 않다.

단어가 길어지면 표기의 정확도는 더 떨어진다. 구름을 굴림, 귀신을 기심, 다섯을 타술打戌, 일곱을 일급一急, 스물을 수몰戌沒, 설흔을 실한實漢, 우물을 오몰烏沒, 나무를 남기南記, 호도를 갈래渴來, 여자를 한음漢吟, 소금을 소감蘇甘, 그림을 걸림乞林, 높은 것을 나분那奔, 깊은 것을 급흔及欣이라 표기한 데서 알 수 있다. 이는 중국인이 우리말의 음과 뜻에 대한 이해가 부족한 데서 온 한계라고 하겠다.

우리 역사상에 등장하는 한강이란 용어도 우리말을 한자로 기록하는 과정에서 단지 한자 발음만을 음차하여 표기한 것이며 의미상으로 한족의 한漢 자와는 전혀 무관했다. 마치 감을 감坎, 손을 손遜, 발을 발潑, 활을 활活로 표기한 경우와 동일했다.

한자로 한강이라 표기할 때의 한은 석을 돌突, 물을 몰沒, 대나무를 대帶라 표기한 것과 같이 단지 음차 표기일 뿐이며 한족의 한 자와는 의미상으로 전혀 무관하다면 한강의 우리말 본래 이름은 과연 무엇이었을까.

다시 말하면 우리민족이 부르던 한강의 고유한 이름은 무엇일까. 그것은 밝강 즉 밝달강이었다. 그 매우 중요한 결정적인 근거를 『계림유사』의 다음 기록에서 찾을 수 있다.

"백을 한이라고 한다.(白曰漢)"

고려사람들은 백白을 한漢이라 표기했다는 것인데 고려와 고구려, 백제, 신라, 그리고 고대 한국이 언어가 서로 다를 수 없다. 이는 만리장성 밖 맥국 즉 한국의 한수, 한반도의 한강이 한족의 한강이란 의미가 아니라 백강이었다는 이야기가 되는 것이며 백강의 백은 밝을 가리킨다고 할 때 백강은 우리말 밝강 즉 밝달강이 되는 것이다.

8. 한국 서울의 한강이 본래는 밝달강인 보다 구체적인 근거

『계림유사』의 기록에 의하면 고려사람들은 "할아버지를 한애비(祖曰漢了秘)" "할머니를 한애미(姑曰漢了彌)" "백미를 한보쌀(白米曰漢菩薩)"이라 한다고 하였다. 한족이란 한자가 고려에서는 하얗다 희다는 것을 표기하는 음차 표시로 사용되었음을 알 수 있다.

이는 우리민족이 역사상에서 사용한 한복, 한식, 한의사, 한약, 한산, 한강의 한漢 자는 흰백白 자 즉 우리말 밝의 한자표기로서 한복은 밝달민족의 옷, 한식은 밝달민족의 음식, 한약은 밝달민족의 약이 되는 것이고 한산과 한강은 우리말 밝달산, 밝달강의 한자표기가 되는 것이다.

지금도 우리는 보리쌀 흰쌀이란 용어를 사용한다. 고려 때는 백미를 한자로 한보쌀이라 표기했다. 고려인들은 백미 즉 흰쌀을 한보쌀이라 했다는 것은 백을 가리키는 우리말을 한자로 표기할 때 한이라는 글자를 사용했음을 입증하는 좋은 근거가 된다.

고려인들은 희다 하얕다 밝다는 고려말을 한자로 표기할 때 발음이 유사한 한자를 찾다보니 한족이라고 할때의 한자를 사용하게 된 것이다. 따라서 고려의 한강은 한족의 강과는 전혀 무관하며 다른 표현으로 한강은 백강이 되고 백강은 우리말 밝강, 즉 밝달강인 것이다.

한강이 밝강이라면 북한강은 북 밝강, 남한강은 남 밝강, 북한산은 북 밝산, 남한산은 남 밝산이 될 것은 당연한 일로서 의심의 여지가 없다.

『삼국사기』에 "부아악負兒岳이 북한산주에 있다."는 기록이 보이는데 부아는 불의 한자 음차표기이고 불은 밝의 다른 표현이므로 부아악은 백악산 즉 우리말 밝달산이다. 지금도 청와대 뒷산에 올라가면 바위에 새겨진 백악산이란 표식이 남아 있다.

서울의 북한산을 부아악이라 불렀다는 것은 북한산이 우리말로는 밝산으로 불렸다는 흔적이다. 북한산이 밝산이었다면 북한산 앞을 흐르는 지금의 한강이 밝강으로 불렸을 것은 충분히 짐작이 가는 일이다.

다만 한양조선에서 한강을 백강이라 불렀다는 기록은 찾아볼 수 없다. 그러나 국가에서 사용하는 공식적인 명칭은 한강이었다 하더라도 백성들 사이에서 전해지며 불려진 이름은 밝강이었을 가능성은 충분히 예상할 수 있다.

고려에서 백강을 한강이라 하였고 한강은 밝강의 한자표기였는데 고려에서 백성들이 사용하던 밝강이란 명칭이 고려를 계승한 한양조선에서 하루아침에 사라질 수는 없는 일이기 때문이다.

9. 밝달은 우리민족의 상징이다

백白 또는 백百은 우리말 밝의 한자 표기라는 것은 이미 널리 공인된 사실이다. 『산해경』에서는 우리민족을 백민白民으로 기록하였다. 중국문헌에서 동이민족이 사는 지역을 박薄 또는 박亳으로 표기한 경우를 자주 보게 되는데 이는 모두 우리 밝달에 대한 한자 음차표기이다.

그리고 후대에는 중국인들이 우리 민족을 맥貊으로 표기하게 되는데 이는 밝족을 비하하기 위해 백百 자에 동물을 나타내는 치豸 변이 추가된 맥이란 글자를 사용한 것이다.

『주례』에는 서주시대에 치우를 맥족의 신으로 추앙하여 맥제貊祭를 지냈다는 기록이 나온다. 여기에 맥은 박으로 읽어야 한다는 한나라 정현鄭玄의 설명이 있는 것을 보면 맥족은 본래 밝족이라는 확실한 근거를 찾을 수 있다.

그러면 우리는 여기서 다시 밝과 우리민족은 과연 어떤 관련이 있는가. 왜 밝달은 우리민족의 상징이 되었는가 하는 문제에 대해 심도 있는 검토가 필요하다.

우리말 밝은 한자로 광명光明의 뜻이다. 동방의 해 뜨는 땅을 터전으로 삶을 일군 우리 민족은 예로부터 태양을 숭배해왔으며 따라서 우리민족을 밝달민족(白民), 우리민족의 지도자를 밝달임금, 우리민족의 도읍지를 밝달산(白岳山), 또는 박亳, 박薄, 우리민족의 국가를 밝달나라라고 하였다.

『삼국유사』에 의하면 환웅은 태백산太白山에 내려와 신선의 나라 신시神市를 세웠다고 했는데 환웅의 환桓은 밝을 환자로서 우리말 밝의 한자 음차 표기이고 태백산은 한밝산의 음차 표기이다.

단군檀君은 처음에 평양에 도읍했다가 나중에 백악산 아사달로 천도하였다. 단군은 우리말로 밝달임금이고 밝달임금이 도읍한 백악산은 우리말로 밝달산이다. 단군이 세운 나라 조선은 우리말 밝달나라의 한자표기이다.

고대의 갑골문에서 밝을 명明 자와 아침 조朝자는 동일한 글자였다. 『주역』에 나오는 기자가 찾아갔다는 명이明夷는 밝은 태양을 숭배하는 동이족 국가 고조선 민족의 다른 호칭이다.

역사상에서 우리민족을 지칭하는 환인 환웅의 환桓, 조선의 조朝, 한국의 한韓은 표기는 다르지만 모두 밝고 환한 태양 광명 즉 밝을 상징한다는 점에서는 동일하다.

한국의 한韓은 한漢나라 이후의 해서楷書에서 위韋변으로 바뀌었고 서주시대 금문의 한韓 자는 산 아래에 태양이 떠오르는 형상을 취하고 있다.

한韓은 밝다는 의미의 조朝 자와 하늘이란 의미의 건乾 자의 뜻을 동시에 가지고 있다. 한韓이란 글자에는 밝이란 의미와 함께 그 발음에서 우리말 한, 즉 하나님을 가리키는 표현이 내포되어 있다.

그러므로 밝을 떠나서 우리민족을 생각할 수 없고 하늘을 떠나서 우리민족을 말할 수 없다. 지금 비록 수천년 세월이 흘렀지만 밝이라는 이름이 존재하는 곳에는 반드시 우리민족의 족적이 남아 있다.

지구의 중심 파미르의 천산은 원래는 백산白山이었다. 천산에는 밝달봉, 칸탱그리봉이 있고 천산 밑에는 우리민요 아리랑에 나오는 아라리시가 있다.

러시아의 바이칼은 현재 중국에서는 바이칼貝加爾로 표기한다. 따라서 밝과는 아무런 관련이 없는 것처럼 보인다. 하지만 청나라에서는 백해栢海라 표기했다. 백해는 우리말 밝바다의 한자 표기이다. 북경 동남쪽의 발해는 지금은 발해渤海라고 표기하지만 『관자』에는 여기에 발조선發朝鮮이 있다고 말하였다.

지금의 발해는 4,000년 전 발해 유역에서 발조선의 건국으로 인해 생긴 명칭으로 발해渤海가 아니라 발해發海가 원래의 명칭이고 발해의 발은 불의 한자 음차표기이다. 한자 불不, 발發, 백白, 백百은 우리말 밝의 한자표기이므로 중국의 발해는 밝바다인 것이다.

송나라때 국가에서 편간한 『무경총요』에서는 북경 북쪽에 조선하朝鮮河가 있다고 하였다. 『태평환우기』에는 북경 동남쪽 발해 유역 북대하 부근 노룡현에 조선성朝鮮城이 있다는 기록이 보인다. 발조선 즉 밝달조선이 발해 유역에 있었다는 사실이 1,000여 전 중국 한족의 기록으로 뒷받침되고 있다.

백두산은 우리말 밝터산이다. 여기가 우리민족이 발해만 일대를 중심으로 활동하다가 동쪽으로 옮겨와 거주한 산이다. 지금 대한민국 수도 서울 청와대 뒷산의 원래 이름은 백악산이다.

단군이 나라를 세울 때 도읍한 백악산이란 이름을 수천년 역사속에서 무수한 전쟁과 이동을 겪으면서도 내버리지 않고 한반도까지 가져와서 지킨 것은 밝달이 우리민족의 얼이자 혼이요 정신이기 때문이다.

우리민족은 밝달로 상징된다. 밝을 따라서 올라가면 우리민족의 유장한 루트가 나온다. 지난날 우리 밝달민족이 걸어온 찬란한 역정이 펼쳐진다. 밝산과 밝강이 우리민족이 삶을 영위하고 생명을 보존한 터전이다. 그것은 파미르의 백산, 러시아의 바이칼, 길림성의 백두산을 거쳐 서울의 밝달산인 백악산, 밝달강인 한강으로 이어졌다.

10. 사대를 하던 한양조선에서 밝달강이 중국 한족의 한강이란 의미로 변질되었다

『삼국사기』나 『삼국유사』에서는 어디서도 서울에 중화中華를 상징하는 화산華山이 있다는 기록은 찾아볼 수 없다. 그런데 『조선왕조실록』에 의하면 태조실록으로부터 서울에 화산이란 명칭이 등장한다.

태조 이성계는 한양 천도에 앞서 황천 후토와 산천의 신에게 올린 고유문에서 이렇게 말하였다. "일관이 고하기를 '송도의 터는 지기가 오래되어 쇠해가고 화산華山의 남쪽은 지형이 좋은 길지이니 이곳에 가서 새로운 도읍을 세우는 것이 마땅하다'고 하였습니다." 지금의 서울을 화산의 남쪽이라 지칭하고 있는 것을 볼 수가 있다.

다음과 같은 기록도 보인다. "태조 4년 10월 성균 박사가 여러 생도들을 인솔하고 가요 3편을 지어 올렸는데 첫째는 천감天監으로 천명 받은 것을 찬양한 것이고 둘째는 화산華山으로 도읍을 정한 것을 찬미한 것이며 셋째는 신묘新廟로 종묘를 세워 친히 제사지낸 것을 찬미한 것이다."

화산을 제목으로 가요를 지어 올린 것을 보면 한양조선 초기에 조정에서 화산이란 명칭의 사용이 보편화되었음을 보여준다.

태종 5년(1405) 10월에는 의정부 찬성사 권근이 "화산은 드높고 한강은 도도히 흐른다.(華山嵩崇 漢江滔滔)"라는 내용으로 '화악시華嶽詩'를 지어 바쳤고 좌정승 하륜은 한강이란 제목으로 쓴 시에서 "한강 물은 예로부터 깊고 넓으며 화산은 하늘에 기대어 푸르고 푸르다" "한강은 흘러 바다로 들어가고 화산은 울창하여 푸르고 왕성하다."라고 읊었다.

여기서 말하는 화산은 어떤 산을 가리킨 것인가. 『세종실록』 지리지 경기 양주 도호부 조에 다음과 같은 기록이 보인다. "삼각산; 양주도호부의 남쪽에 있다. 일명은 화산이라고 한다. 세 봉우리가 우뚝 솟아서 높이 푸른 하늘에 닿아 있다."

우리는 이 기록을 통해서 한양조선에서는 삼각산을 가리켜 화산이라고 호칭했다는 것을 알 수 있다. 삼각산은 한양조선 이전에는 북한산 또는 부아악, 백악산 등으로 불렸다.

한양조선에서 삼각산을 화산이라고 개명하였는데 화산의 화자는 중화를 상징하는 글자이다. 사대를 국가의 3대 시책의 하나로 설정하였던 한양조선은 서울의 삼각산에 화산이란 이름을 새로 지어 부르며 화산을 한강과 대칭을 이루도록 하였다.

서울의 산에는 중화의 화자를 붙이고 강에는 한족의 한자가 들어가 있음으로써 산과 강을 중국의 강 중국의 산으로 만들어 사대에 충실하려 한 것인데 밝달족의 민족 정기와 정체성은 여기서 말살되었다.

사대를 국시로 한 한양조선은 대동이大東夷를 버리고 소중화小中華를 자처하면서 밝달민족의 얼과 혼은 약화되어 갔고 대륙을 지배했던 웅혼한 우리 역사는 차츰 자취를 감추었다.

이때 밝달산은 중화를 상징하는 화산華山으로 명칭이 바뀌었고 한강은 밝달강이란 본래의 의미를 상실하고 중화의 화산과 대칭적인 이름 한족의 강이란 의미로 굳어지게 되었다.

중화의 화산과 한족의 한강은 한양조선을 상징하는 단어로 등장했고 그것은 건국 초기 조정 대신들의 시문 창작에 잘 나타나 있다.

 수천년을 지켜 내려온 밝달민족의 혼과 정신은 망각한 채 중화와 한족을 섬기고 모방하기에 힘쓰며 서울의 강 이름 산 이름마저 중화의 화자로 바꾸고 한족의 한자로 해석하는 것을 자랑스럽게 여긴 한양조선은 결국 일본에 의해 국권을 빼앗기는 우리 역사상 유례가 없는 큰 아픔을 겪었다.

 혼을 잃어버린 나라는 죽은 시체와 다를 것이 없는 만큼 수천년을 이어온 나라 한양조선이 유명조선有明朝鮮을 내세우다가 결국 망한 것은 어쩌면 당연한 귀결이다.

 다만 우리민족은 나라가 망했어도 흉노나 거란처럼 아주 역사의 뒤안길로 사라지지 않고 35년 만에 잃어버린 국권을 되찾아서 지금 새역사를 써나가고 있다. 이것을 가리켜 우리는 한강의 기적이라고 말한다.

11. 왜 우리는 지금 한강漢江이란 한자 표기를 한강韓江으로 바꿔야 하는가

 한강의 기적이란 말에서 보듯이 한국에서 한강은 단순한 하나의 강이 아니라 한국을 대표하는 강이다. 한국에 압록강, 두

만강, 낙동강 같은 큰 강들이 있는데 압록강, 두만강은 북쪽 변경에 위치하고 있고 낙동강은 남쪽에 치우쳐 있다.

한반도를 동서로 가로질러 흐르며 전체 한국의 상징성을 보여주는 큰 강은 한강이다. 뿐만 아니라 한강은 세계 7대 강국인 대한민국 수도 서울의 젖줄이기도 하다.

그런데 지금 대한민국 국민 가운데 한강의 본래 의미, 한강이 고려 때까지 밝달강으로 불려왔다는 한강의 지난 역사를 제대로 아는 사람이 과연 몇이나 되는가.

일반 국민은 고사하고 대한민국의 전 현직 대통령들 가운데 미국 대통령 바이든이나 중국 국가 주석 시진핑으로부터 서울의 한강이 왜 한강이냐고 그 의미를 질문받았을 때 거기에 제대로 대답할 대통령이 과연 있는가.

명색이 한나라의 대통령이 자기가 사는 나라 수도 서울의 강 이름이 의미하는 것이 무엇인지조차 모른다면 그것은 국가적인 수치 아닌가. 그렇다고 글자 그대로 중국 한족 한자를 뜻으로 풀어서 한강을 설명한다면 사대주의 잔재를 지금까지 떨쳐버리지 못한 것을 보여주는 것이니 그것은 더더욱 큰 국가적 망신이 될 것이다.

우리 한국인은 지난 광복 80년 동안 경제를 건설하고 민주화를 이룩하느라고 숨가쁘게 달려왔다. 한강의 기적을 이룩하여 세계가 부러워하는 나라로 우뚝 선 한국인에게 주어진 오늘의 시대적 사명은 무엇인가.

이제는 우리의 잃어버린 자랑스러운 역사, 아름다운 문화를 다시 찾아 바로 세워야 한다. 즉 우리의 얼과 혼을 되찾는 것이 지금 한국의 시대적 과제이다.

성장에서 성숙을 향해 나아가는 한국, 경제적으로 세계의 선진대열에 진입했을 뿐만 아니라 문화적으로도 한류를 통해 세계의 흐름을 선도하고 있는 한국이, 한국을 대표하는 강 이름을 중국 사대주의 시대 유물인 한족의 강이란 명칭을 그대로 사용하고 있다는 것은 국민적 수치를 넘어 세계적 망신이다.

그러면 여기서 한강이란 명칭을 어떻게 바꾸는 것이 좋을까. 우리민족이 고려 때까지 수천년 동안 사용해왔던 밝달강이란 이름으로 되돌리는 것이 가장 이상적이다. 그러나 그렇게 할 경우 종래 사용해오던 이름과 완전히 동떨어진 새로운 이름이 되기 때문에 그것에 적응하기까지 다소 혼선을 초래할 수 있다.

따라서 기왕에 한복漢服을 한복韓服, 한의漢醫를 한의韓醫, 한약漢藥을 한약韓藥으로 표기를 바꾼 전례가 있으므로 여기에 발맞추어 한강도 중국 한족의 한漢 자를 한국의 한韓 자로 표기만 바꾼다면 명칭을 변경하는 데 따른 국민적 불편을 최소화할 수 있다고 본다.

　또한 우리가 지금 국가명칭을 고려나 조선이란 이름을 사용하면서 강 이름을 한강韓江으로 표기한다면 걸맞지 않겠지만 국명이 한국이고 한국의 대표적인 강이 한강이므로 한국이란 한자를 써서 한강이라 표기하는 것은 백번 천번 합당한 일이다.

　그리고 지금 북한에서는 조선이란 국명을 사용하고 있는데 이는 단군의 고조선에 뿌리를 두고 있고 남한에서는 한국을 국호로 사용하고 있는데 한국의 한은 환웅의 환국에 근원하고 있다.

　일반적으로 한국의 기원을 삼한三韓으로 설명하는 경우가 많은데 삼한의 한국은 중국의 삼국시대에 등장한다. 그러나 현재의 한국은 3,000년 전 서주시대 하북성 북쪽에 있던 예맥족 한국, 또 4,000년 전 중국 하夏나라를 멸망시키고 중국 발해 유역에 세운 한착韓浞의 한국과 맥이 연결되어 있고 거기서 더 올라가면 다시 환웅의 환국에 가서 닿게 된다.

　그러므로 조선과 한은 다 우리민족을 대표하는 상징적인 명칭이지만 특히 한은 그 뿌리로 보면 우리의 첫 국가 환웅의 환국과 맥이 닿기 때문에 우리민족에게 조선보다도 더욱 강한 정통성을 지닌 이름이 한이다.

　지금 한족의 한 자를 써서 표기하고 있는 한강을 한국의 한자로 글자를 바꾸어 표기하는 것은 상징성, 역사성, 현실성 등 여러 가지 의미를 종합적으로 고려할 때 가장 바람직한 방안이라고 여긴다.

12. 한강과 아리수阿利水, 대수帶水, 욱리하郁里河

1) 한강과 아리수

고구려 광개토태왕릉비문에 "아리수를 건너서 군대를 보내 백제성을 압박했다(渡阿利水 遣刺迫城)"라는 내용이 나온다. 이것이 아리수에 대한 최초의 기록이다.

『한국민족문화대백과사전』을 살펴보면 한강의 개설에서 다음과 같이 설명하고 있다.

"『한서漢書』 지리지에는 대수帶水로 표기되어 있으며, 광개토왕릉비에는 아리수阿利水, 『삼국사기三國史記』의 백제건국 설화에는 한수寒水로 되어 있다."

"광개토왕은 백제의 북경 요충지인 관미성關彌城을 탈취하였으며, 396년에는 한강 이북의 여러 성을 함락시키고 아리수(阿利水 : 지금의 한강)를 건너 백제왕의 항복을 받았다."

『한국민족문화대백과사전』은 학계의 공식 입장을 대표한다. 따라서 대한민국의 많은 일반 국민들은 지금의 한강이 고구려때는 아리수로 불렸다고 인식하고 있다.

   그러나 광개토태왕릉비에 나오는 아리수가 현재 서울 한강의 다른 이름이라는 것을 증명할 수 있는 직접적인 근거는 없다. 그것은 단지 하나의 추정일뿐이다.

   아리수는 우리말을 한자로 음차하여 표기한 것인데 그 발음상으로 볼 때 서울의 한강보다는 압록강鴨綠江에 가깝다. 압록강은 우리말의 한자 음차 표기인데 중국어로는 야루장으로 발음한다.

   한자는 표의문자여서 그 음차표기가 우리말과 정확히 일치하기는 어려운 점이 있다. 야루는 아리와 유사하며 따라서 광개토태왕이 백제를 공격하기 위해 건넜던 아리수는 서울의 한강이기보다는 압록강을 가리킨 것일 가능성이 훨씬 더 높다고 본다.

2) 한강과 대수帶水

   『삼국사기』 백제본기 국조 온조왕 건국설화에 비류왕이 아우 온조와 함께 무리들을 이끌고 "패수와 대수를 건너 미추홀에 와서 살았다.(渡浿帶二水 至彌鄒忽以居之)"라는 기록이 보인다.

   『삼국사기』에 나오는 이 내용이 대수에 관한 최초의 기록이다. 그런데 온조왕 37년 조에 "여름 4월부터 가물다가 6월에 이르러 처음으로 비가 내렸다. 한수의 동북 부락에 흉년이 들어 고구려로 도망하여 간 사람들이 1천여 가구에 달하였고 패수와 대수 사이는 텅비어 거주하는 사람이 없었다.(夏四月旱至六月乃雨 漢水東北部落饑荒 亡入高句麗者 一千餘戶 浿帶之間 空無居人)"라고 하였다.

이 기록은 우리에게 한수, 패수, 대수는 각기 다른 강이고 이 세 강은 모두 백제 국경 안에 있던 강이라는 사실을 말해주고 있다.

『한국민족문화대백과사전』에서 서울의 한강이 "『한서漢書』 지리지에는 대수帶水로 표기되어 있으며, 광개토왕릉비에는 아리수阿利水, 『삼국사기三國史記』의 백제건국설화에는 한수寒水로 되어 있다."라고 말한 것은 큰 오류를 범하고 있다.

『한서』 지리지에 한강을 대수라고 말한 일이 없다. 『한서』 지리지에는 단지 다음과 같은 기록이 있을 뿐이다. "함자현의 대수는 서쪽으로 대방군에 이르러 바다로 유입된다.(含資帶水西至帶方入海)"

함자현은 낙랑군 25개 현 중의 하나이다. 이는 함자현에 대수가 있는데 서쪽으로 흐르다가 대방군 지역에 이르러서 바다로 주입된다는 사실을 설명하고 있으며 『한서』 지리지 어디에서도 한강이 대수라고 말한 사실은 없다.

그러면 『한국민족문화대백과사전』은 무엇을 근거로 한강이 대수라는 이런 어처구니 없는 말을 하였을까. 그 배경을 들여다 보면 중국의 한족민족주의와 일본의 식민사관이 숨어 있다.

『삼국지』 위지 동이전 한韓조 원문에 "건안 연간(동한말 헌제 연호, 서기196~220)에 공손강이 둔유현을 분할하여 남쪽의 황무지로써 대방군을 삼았다.(建安中 公孫康分屯有縣 以南荒地爲帶方郡)"라고 말하였다.

둔유현은 낙랑군 25개 현 중의 하나이다. 『전한서』 가연지전에 한무제는 "동쪽으로 갈석산을 넘어와서 현도 낙랑군을 설치했다(東過碣石 以玄菟樂浪爲郡)"라고 말했다. 갈석산은 오늘날의 북한 대동강 유역이 아니라 하북성 지역에 있었다. 낙랑군의 둔유현을 분할하여 설치한 대방군 또한 하북성 쪽에 있었을 것은 너무나 당연한 일이다.

그런데 명청시대 중국 민족주의자들이 『삼국지』 위지동이전의 대방군에 주석을 내면서 한국 경기도 북쪽의 임진강이 한나라 때의 대수이고 경기도 이천군이 낙랑군 함자현이며 북한의 개성이 대방군이라는 터무니없는 논리를 전개하였다.

대일항쟁기에 일본의 식민사학자들은 낙랑 봉니, 대방령 봉니 등의 발굴을 주장하며 임진강 대수, 대동강 낙랑설을 고착화시켰다. 1927년에 일본학자 오하라 토시타케(大原利武)가 조선총독부에서 발행하는 학술지 조선 140집에 발표한 논문 대수고帶水考는 이런 일본의 관점을 잘 정리하여 보여준다.

한국국사편찬위원회에서는 위에 인용한『삼국지』위지 동이전 대방군 조항에 중국 민족주의자들이 근대에 아무런 근거도 없이 한사군 한반도설을 날조하기 위해 일방적으로 덧붙인 대방군 자료를『한국고대사자료집성』중국편에 게제하여 소개하고 있다.

광복 후 한국의 반도사학은 사대사관과 일본의 식민사관을 무비판적으로 수용하였다.『한국민족문화대백과사전』에서 한강을 대수라고 말한 것은 한사군 한반도설을 고착화시키려는 중국의 민족주의 사관과 일본의 식민주의 사관을 비판 없이 수용한 데 따른 결과이다.

『한서』지리지에는 한강이 대수라고 말한 사실이 없고 임진강이 대수라는 것은 한국사를 한반도에 가두어두려고 근대에 중국과 일본이 날조한 논리인 것이다.

사대, 식민사관의 영향을 받은 한국의 반도사학은 광복 80년이 다 된 오늘날까지 사료를 근거로 역사의 진실을 밝히기는커녕 이런 엉터리 주장을 답습하고 추종하는 한심한 행태를 보이고 있다.

패수를 대동강, 대수를 임진강이나 한강으로 보는 관점은 대동강 낙랑설의 토대 위에서만 가능하다. 낙랑군이 한반도에 있지 않았다면 그 논의 자체가 성립될 수 없다.

한사군의 낙랑군이 대동강 유역에 있지 않고 하북성에 있었다는 것은 굳이 긴 설명이 필요치 않다. 『전한서』 가연지전에 나오는 한무제가 "동쪽으로 갈석산을 지나서 현도, 낙랑으로써 군을 삼았다(東過碣石 以玄菟樂浪爲郡)"라는 이 한 마디로 깨끗이 정리된다. 갈석산은 역사상에서 하북성에 있었고 한반도의 대동강 유역에는 존재한 일이 없기 때문이다.

낙랑군이 중국 하북성 갈석산 부근에 있었다면 낙랑군 함자현에 있던 대수가 한반도의 한강이나 임진강이 될 수 없다는 것은 삼척동자도 능히 알 수 있는 일이다.

항일전쟁 시기에 한국사를 말살하기 위해 일본이 대동강 낙랑설을 날조했는데 광복 후 그것이 역사학계의 통설로 적용되었고 따라서 임진강이나 한강을 대수로 비정하는 것 같은 어이없는 일이 발생한 것이다.

진나라 곽박의 『산해경』 주석에 따르면 만리장성 북쪽에 예맥족의 나라 한국의 한강이 있었고 송나라 때의 『무경총요』에 의하면 북경 북쪽에 패수로 비정되는 조선하 즉 지금의 조하가 있었다. 그렇다면 『한서』 지리지에 나오는 한나라 때 대수는 조하 부근에서 찾아야 하며 한반도의 임진강이나 한강이 될 수 없는 것은 너무나 자명한 이치이다.

『삼국사기』에 백제의 국조 온조가 처음 나라를 세울 때 패수와 대수를 건너서 미추홀에 거주했다고 했는데 이는 대수는 패수 부근에 있는 큰 강임을 말해준다.

"북경 북쪽에 조선하가 있다."는 『무경총요』의 기록이나 "하북성 노룡현에 조선성이 있다."는 『태평환우기』의 기록으로 미루어 볼 때 지금의 북경 북쪽의 조하가 고대의 조선하이고 지금의 북경 동남쪽의 백하가 패수라는 것은 거의 이론의 여지가 없어 보인다.

다만 고조선이 대륙을 지배한 위대한 발자취를 지우기 위해 조선하의 조朝 자를 조수 조潮자로 바꾼 것처럼 밝강의 백白 자를 발음이 유사한 패이의 패浿자로 변경하여 사실을 은패했을 뿐이다. 바이칼(白海)의 표기를 바이칼(貝加爾)로 바꾼 것도 같은 유형에 속한다.

현재 고대 중국의 강을 연구할 수 있는 최고의 저명한 자료로는 『수경주水經注』 40권이 있다. 그러나 이는 1,400여 전 북위시대 후기 역도원酈道元의 저술인데 현재 전하는 것은 명나라 때 간행된 판본들뿐이다.

명나라시대는 한양조선이 사대를 하며 중국의 속국처럼 되어 있었고 한족 민족주의자들은 발해 유역에 있던 한민족의 대륙역사를 지우기에 열을 올렸다. 하북성에 남아 있던 우리민족과 관련된 산이나 강 이름을 글자를 바꾸거나 아예 지워버리고 요녕성에 가져다 놓는 경우가 허다했다. 그래서 한국의 고대 산과 강을 연구하는데 이들 자료는 별로 참고 가치가 없다.

만리장성 밖 하북성 북쪽에 있던 한국의 고대 국가나 지명을 한술 더 떠서 주로 한반도로 옮겨다 놓은 것이 일본의 식민사관이다. 그 중에 대표적인 것이 한사군의 낙랑군과 대방군 대수이다.

3) 한강과 욱리하

『삼국사기』백제본기 제3 개로왕 조항에 "욱리하에서 큰 돌을 가져다가 석곽石槨을 만들어 아버지의 유골을 장사지내고 강을 따라 둑을 쌓아서 사성 동쪽으로부터 숭산 북쪽까지 닿았다.(又取大石於郁里河 作槨以葬父骨 緣河樹堰 自蛇城之東 至崇山之北)"라고 하여 욱리하란 기록이 최초로 여기에 보인다.

백제의 수도 한성이 현재의 어느 지역에 위치하였는가에 대해서 아직까지 정설은 없다. 단지 반도사학에서 위에 인용한 내용을 근거로 당시 백제의 한성을 지금의 서울로 비정하고 있다. 그 주요한 근거는 욱리하를 현재의 한강으로 보는데 따른 것이다.

이병도는 여기 나오는 숭산을 『국역삼국사기』(을유문화사 간)에서 현재의 경기도 하남시 창우동 동남쪽의 검단산黔丹山으로 보았고 여규호는 「한성시기 백제의 도성제와 방어체계」란 논문에서 숭산을 강동구 고덕동 일대로 추정하였다.

그러나 백제의 개로왕은 서기 475년 9월 수도 한성이 함락되고 고구려장수왕에 의해 살해당하는데 이 시기가 고구려로는 장수왕이 재위하던 시기이고 중국은 남북조시대 북위(386~534)의 효문제 즉 선비족 탁발굉拓跋宏이 집권하던 기간이다.

중국의 남북조시대는 중원의 한족이 몰락의 길을 걷고 동북방의 동이족인 선비족이 낙양에 도읍하여 중국을 지배했다. 고구려에서는 불세출의 영웅 광개토태왕이 출현하여 한족이 몰락한 기회를 틈타 한무제에 의해 한사군이 설치되었던 지금의 북경 동북쪽의 고조선 고토를 전부 회복하였고 그 아들 장수왕은 발해 유역의 고조선 수도였던 지금의 노룡현 창려현 일대로 고구려의 수도를 천도하였다.

장수왕의 평양 천도는 반도사학의 주장대로 대동강 유역의 평양으로 천도했던 것이 아니라 단군조선이 도읍했던 발해 유역의 고조선 평양으로 천도한 것이다.

당나라 때 두우杜佑가 쓴 『통전』에는 "진晉나라 때 진, 한을 이어 평주를 설치했고 후위시대에 고구려가 그곳에 도읍하였다.(晉因之兼置平州 後魏時高麗國 都其地)"라는 기록이 보이는데 이는 고구려 장수왕시기 중국의 북위시대에 발해 유역의 평양 즉 평주로 장수왕이 천도한 사실을 말한 것이다.

송나라 때 왕응린王應麟(1223~1296)이 저술한 『통감지리통석』에서는 "진나라 때 평주를 설치했던 지역에 후위시기에 고구려가 그곳에 도읍을 정하였고 당나라 때는 안동도호부가 설치되었다.(晉置平州 後魏時高麗國 都其地 唐置安東都護府)"라고 말하여 지금의 북한 평양이 아닌 진나라때의 하북성 평주, 당나라 때 노룡현 창려현 일대가 고구려의 평양이었다는 두우의 주장을 뒷받침하고 있다.

욱리하를 한강으로 보는 것은 백제 개로왕대의 수도가 지금의 서울에 있었고 고구려의 장수왕 천도가 대동강 유역 평양에로의 천도를 전제로 한 것이다. 고구려의 장수왕이 공격한 백제의 한성이 지금의 서울이 아니라면 욱리하가 한강이란 논리는 성립할 수 없다.

특히 우리가 주목할 것은 반도사학은 개로왕 조항에 나오는 욱리하와 숭산을 한반도 한강유역과 그 일대로 비정하고 있는데 반하여 정작 『삼국사기』의 저자 김부식은 이를 "삼국시대의 지명은 있는데 분명하지 않은 지역들(三國有名 未詳地分) 명단에 포함시키고 있다는 사실이다.

고려때 김부식도 『삼국사기』를 쓰면서 그 위치를 정확히 잘 모르겠다고 말한 지역을 오날날에 와서 한반도의 서울 하남시 부근에 비정하는 것은 한국사를 한반도에 가두려했던 식민사관의 논리를 그대로 계승한 데 따른 것이다.

백제 개로왕 조항에 등장하는 욱리하를 한강으로 간주하는 것은 문헌적으로 전혀 근거가 없는 것이며 한국사를 말살하려는 일본의 잔꾀에 넘어간 것이다. 서울의 한강이 백제의 욱리하라는 설은 대동강 낙랑설과 함께 극복해야할 식민사학의 잔재이다.

13. 맺는 말

한국어로 노래하는 방탄소년단의 춤과 노래에 세계가 열광을 하고 있다. 한국인의 1인당 국민소득은 일본을 추월했다.

한국은 불과 100년 전 나라의 주권을 일본에게 빼앗겼고 50년~60년 전엔 세계 최빈국 중의 하나였다. 그랬던 나라가 지금은 세계의 195개 국가 가운데 7위가 되었고 국민소득은 주권을 빼앗은 일본을 추월했으며 한류는 세계를 뒤흔들고 있다.

이 위대한 한국을 가능케 한 원동력은 과연 무엇인가. 첫째 우리 역사에서 그 원인을 찾을 수 있다. 우리 역사는 바이칼에서 서울의 백악산에 이르는 방대한 여정이었다. 발해 유역에서 황하문명을 앞서는 홍산문화를 창조하여 아시아의 역사문화를 견인해온 것이 우리 민족이 걸어온 길이다. 한국인의 DNA 속에는 지난날 세계를 경영하고 지배했던 대륙의 붉은 피가 흐르고 있는 것이다.

둘째 중국 문헌에서 우리민족의 특징을 가리켜 "음주와 가무를 좋아한다.(好飮酒歌舞)"라고 표현한 것을 자주 보게 된다. 부여의 무천舞天, 백제의 영고迎鼓는 국민적 축제의 명칭이다. 춤출 무舞 자와 북 고鼓 자가 들어가 있는 명칭에서 가무가 우리민족의 고유문화였음이 드러난다.

필자가 답사차 산동성 곤유산을 방문했을 때의 일이다. 그곳은 한족들이 집단적으로 거주하는 지역인데 산골짜기에서 멀리 춤추고 노래하는 한 무리의 모습이 보였다. 필자는 순간 중국사람들도 가무를 좋아하는구나 하는 생각이 들었는데 가까이 가서 보니 한족이 아닌 조선족들이었다. 역시 우리민족은 가무를 좋아하는 민족이라는 것을 실감한 적이 있다.

방탄소년단이 K팝으로 세계를 뒤흔들고 있는 것은 그들의 피나는 노력의 결과이기도 하겠지만 춤과 노래를 즐겼던 우리 민족의 DNA, 우리민족의 고유문화와도 깊은 관련이 있는 것이다.

『주역』 64괘 중의 하나에 복괘復卦가 있다. 순환 왕복하는 것이 자연의 섭리임을 설명한 괘이다. 봄이 가면 여름이 오고 가을이 지나면 겨울이 오고 겨울이 지나면 다시 새봄이 오는 춘, 하, 추, 동의 유행은 하늘의 규율이다.

그래서 『주역』은 "복괘에서 천지의 마음을 볼 수 있다.(復其見天地之心乎)"라고 말했다. "어떤 사물이 극점에 도달하면 다시 원상으로 복귀한다.(物極必反)"는 우주의 원리를 설명한 것이 바로 『주역』의 복괘인 것이다. 오늘날 우리가 일반적으로 사용하는 회복, 복귀라는 말의 어원이 바로 이 복괘라고 본다.

한국의 근대사는 국권 상실, 열강에 의한 남북 분단, 동족상잔 등 가슴 아픈 상처로 얼룩져 있다. 그러나 우리 한국인은 좌절하지 않고 폐허를 딛고 다시 일어나 한강의 기적을 이룩하여 세계의 선진국가로 우뚝 섰다.

원조를 받던 나라에서 주는 나라가 되었고 따라가던 나라가 아니라 이끌어가는 나라로 탈바꿈했다. 기술 강국, 경제 대국이 된 것이다. 이제 오늘 한국의 시대적 사명은 무엇인가. 역사, 문화혁명을 이룩하여 역사 강국, 문화 대국이 되는 것이다.

우리가 지난날 사대주의를 하던 한양조선 시기에 한족의 한문화漢文化가 안방 깊숙이 침투하였고 이때는 한양漢陽, 한성漢城, 한의漢醫, 한복漢服이란 용어가 거부감없이 자연스럽게 사용되었다.

그러나 오늘날은 이런 사대주의적 유산들이 많이 사라졌다. 한성漢城은 서울首爾로 한의漢醫는 한의韓醫로, 한복漢服은 한복韓服으로 표기가 바뀌었다. 현재 한국에서 한의漢醫나 한복漢服이란 표기는 더 이상 존재하지 않는다. 『주역』의 "물극필반"의 원리에 따라 나락으로 떨어졌던 한민족의 역사문화의 회복작업이 시작된 것이다.

그런데 불행하게도 한국 수도 서울의 젖줄인 한강漢江이란 명칭은 아직도 표기가 바뀌지 않고 사대주의시대 명칭 그대로 사용되고 있다.

한국은 세계적인 선진국가이고 한강은 세계적인 유명한 강이다. 한국인은 이제 글로벌시대 세계시민에 걸맞는 정신과 가치관을 지녀야 하고 한족의 강이라는 사대 식민시대의 뉘앙스를 물씬 풍기는 한강이라는 이름을 더 이상 끌어안고 가서는 안 된다.

대한민국 수도 서울의 상징인 한강이 당연히 한국의 강이란 뜻으로 한강韓江이어야 하는데 그렇지 않고 한강漢江인 것은 한국이 경제적으로 발전했지만 정신적으로 성숙하지 못하고 자기 정체성을 갖추고 있지 않다는 것을 보여주는 증표이다.

한족의 한과 한국의 한은 발음상으로는 다 같은 한이다. 그러나 그 의미상으로 보면 하늘과 땅 차이다. 한수 한漢은 중국 한족의 상징이고 나라 한韓은 우리 한민족의 상징이다.

한국의 한은 우리의 첫 국가 환국의 환에 뿌리를 두고 있다. 환은 둥글고 환한 밝은 태양의 상징이고 그것을 한자로 표기한 것이 환桓이고 한韓이다. 여기에 한민족의 혼이 담겨 있다.

중국 한족의 한은 밝은 태양과는 거리가 멀다. 중국의 서북쪽 섬서성 번총산에서 발원한 한강漢江은 한족의 어머니 강이다. 한중漢中에서 건국의 토대를 닦은 유방의 한왕조가 여기에 기원을 두고 있다.

지난날 중국에 사대를 할 때는 우리의 산을 중화의 산인 화산華山, 우리의 강을 중국 한족의 강인 한강漢江이라 하여 중국의 비위를 맞추는 일이 필요했을 수도 있다.

그러나 이제 세계 7대 강국인 대한민국이 지금도 중국의 눈치를 보아야할 아무런 이유가 없다. 우리의 청소년이나 또는 외국인이 아름다운 한강 변을 거닐다가 한강이란 한 자가 대한민국의 한강이 아닌 중국 한족의 한강이란 의미인 것을 안다면 어떻게 생각할 것인가.

한漢이란 글자에는 세 가지 뜻이 있다. 첫째 하늘의 은하수를 가리켜 은한銀漢 또는 천한天漢이라 한다. 둘째 중국 섬서성에서 발원한 강 이름이다. 중국의 한강은 하늘의 은하수와 흐르는 방향이 동일하다고 해서 그렇게 불렀다고 한다. 셋째 유방이 세운 왕조의 명칭이다. 한강 변의 한중에서 건국하였으므로 한왕조라 하였다.

서울의 한강은 하늘의 은하수와 흐르는 방향이 동일하지 않다. 중국의 한강처럼 하늘의 은하수를 닮은 강이라서 한강이라 이름 붙였다고 변명할 수도 없다.

밝달족인 우리민족은 중국의 한족과는 다른 민족이다. 중국 한족의 발상지, 한왕조로 상징되는 한이란 글자를 가져다가 대한민국의 강을 표기해야할 아무런 이유가 없다.

최근 서울시에서는 영국 런던 템스강, 미국 뉴욕 허드슨 강처럼 시민들이 한강을 생활공간으로 활용할수 있게 하겠다는 야심찬 '한강 수상 활성화 종합계획'을 발표했다.

작년 3월 발표한 '그레이트 한강 프로젝트'가 한강 변 개발계획이라면 이번 종합계획은 한강의 활용도를 높이기 위한 방안으로 2030년까지 5,501억원을 들여 사업을 추진한다고 한다.

서울은 이미 세계적인 도시이다. 세계적인 도시에 걸맞는 글로벌한 도시로 발전하는 것은 바람직한 일이다. 다만 일의 선후로 볼 때 한강이란 표기부터 바로잡는 것이 순서가 아닐까 여겨진다.

명, 청에게 사대를 하던 한양조선시기라면 한강의 명칭을 중국 한족의 한강에서 한국 한민족의 한강으로 글자를 바꾸어 표기하는 것이 용이하지 않은 일일 수도 있다. 그러나 중국의 눈치를 볼 필요가 없는 지금 한족의 한강이란 의미를 담고 있는 사대주의 시절 표기를 그대로 고집하는 것은 한국의 국혼이 죽어 있다는 반증이다. 그런 점에서 한강의 표기를 바로잡는 것은 민족정기를 되살리는 중요한 발걸음이 되리라 믿는다.

2005년 이명박 시장 시절 서울시의회는 서울의 한자 표기를 한성漢城에서 서울首爾로 바꾸는 안을 정식으로 통과시켜 지금은 한성이란 용어는 더 이상 사용되지 않는다. 오세훈 서울시장도 한강명칭변경위원회를 하루속히 설치하여 한강漢江의 한자 표기를 한강韓江으로 바꿀 것을 강력히 촉구하는 바이다.

서울 시청 앞 덕수궁 대한문大漢門 간판을 대안문大安門으로 바꿔 달자

2025. 8. 15

    대한민국 서울 시청 앞에 덕수궁이 있는데 그 정문에 대한문大漢門이란 간판이 걸려 있다. 대한문은 '위대한 한족漢族의 문'이란 뜻이다. 중국 북경 천안문 광장에 걸려 있어야 어울릴 간판이 왜 한국 수도 서울 시청 앞 광장에 걸려 있는 것일까.
    덕수궁의 원래 이름은 경운궁慶運宮이다. 1896년 고종은 경복궁에서 러시아공관으로 거처를 옮기는 소위 아관파천을 단행했다가 1897년 경운궁으로 옮겨 대한제국을 선포하고 황제로 취임했다. 경운궁을 대한제국의 황궁으로 사용한 것이다.
    경운궁의 정문은 남쪽에 있던 인화문仁化門이고 동쪽에는 대안문大安門이 있었다. 남쪽은 언덕이 가로막고 있어서 동쪽 문인 대안문이 경운궁의 정문 역할을 하였다.
    그런데 1905년 일본은 대한제국의 외교권을 박탈하는 을사늑약을 체결하여 한일합병의 마수를 드러낸다. 이에 고종은

1906년 대한제국의 황궁 경운궁의 정문인 대안문을 대한문大漢門으로 이름을 고치는 파격적인 조치를 취했다.

중국의 천안문天安門은 천자의 나라 중국의 안녕을 나타내는 의미를 담고 있다면 대안문大安門은 대한제국의 안녕을 소망하는 의미를 지니고 있다고 할 수 있다.

그런데 고종은 왜 일본이 을사늑약을 체결하자 별안간 대한제국 황궁의 정문인 대안문大安門을 대한문大漢門이라는 다분히 친중국적인 내용으로 명칭을 변경한 것일까.

여기에는 가슴 아픈 사연이 담겨 있다고 본다. 고종이 대안문을 대한문으로 바꾼 1906년은 고종 43년, 청나라 덕종 광서光緖 32년, 일본 명치 39년이다. 당시는 청나라가 아직 건재하던 시기이다.

대한제국의 정문 대안문을 대한문으로 변경한 것은 고종이 친중국적 태도를 취함으로써 중국의 힘을 빌어 일본의 침탈을 막아보려는, 깊은 고뇌의 산물일 가능성이 대단히 높다.

1905년 일본이 을사늑약을 체결한 후 고종은 1907년 을사늑약이 무효임을 국제사회에 알리기 위해 만국평화회의가 열리는 네덜란드 헤이그에 특사를 파견했다가 이 사건을 계기로 황제의 자리에서 강제 퇴위당하고 순종이 왕으로 추대된다.

경운궁에서 즉위식을 거행한 순종은 4개월 후 창덕궁으로 거처를 옮기면서 고종의 장수를 기원하는 뜻을 담아 덕수德壽라는 궁호를 지어 올렸다. 그후 경운궁은 덕수궁으로 이름이 바뀌었고 대한문이란 정문과 함께 오늘에 이르고 있다.

오늘날 서울의 한복판 시청 앞에 있는 덕수궁 정문에 '위대한 중국 한족의 문'을 의미하는 대한문大漢門이라는 전혀 어울리지 않는 간판이 걸려 있는 것은, 그 내막을 들여다본면 100여 년 전 풍전등화의 위기에 놓였던 우리민족의 이런 가슴 아픈 사연이 숨겨져 있는 것이다.

대한민국은 올해로 광복 80주년을 맞는다. 매번 8월 15일 화려한 광복절 행사가 정부주도로 열린다. 그러나 진정한 광복은 이런 형식적인 겉치레 행사에 있는 것이 아니다.

광복 80년이면 결코 짧은 세월이라고 할 수 없다. 이제 반세기를 훌쩍 지나서 100년을 향해 가고 있는 한국의 광복작업은 과연 광복이란 이름에 부끄럽지 않게 진행되어 왔는지 겸허하게 되돌아볼 때이다.

지금 한국의 1인당 국민소득은 일본을 추월했고 세계가 부러워하는 경제대국으로 도약했다. 그러나 한편 100년 전 시대의 상징인 대한문大漢門이 아직도 서울 한복판에 버젓이 버티고 있는 것을 본다면, 한국이 경제적으로는 발전했지만 온전한 정신광복이 이루어지지 않았음을 말해준다.

촛불과 태극기가 물결을 이루며 수십만 인파가 서울 광화문 앞 광장을 가득 메운 것이 한 두 번이 아닌데 지금까지 누구 한 사람 문제의식을 가지고 대한문 간판의 시정을 공식적으로 촉구한 사실이 없다는 것은 한국인의 혼이 살아 있지 않음을 보여주는 단적인 증거이다.

더구나 대한문 앞에서는 한양조선 왕조 수문장 교대의식이 정기적으로 열린다. 많은 국내외 구경꾼들이 모여들기 일쑤이고 때로는 세계의 방송사들이 취재 경쟁을 벌이기도 한다. 행여 대한문의 의미가 방송을 타고 세계에 알려지기라도 한다면 국제적 망신 아닌가.

한국은 이제 살아남기 위해 강대국의 눈치를 보아야 하는 나라가 아니다. 경제는 세계가 부러워하는 나라로 발전했고 한류는 세계를 향해 뻗어 나가고 있다. 세계 7대 강국인 대한민국 수도 서울에 대한문과 같은 100년 전 사대적 유산이 버젓이 존재한다는 것은 민족적 수치가 아닐 수 없다.

광복 80주년인 금년 10월 3일 개천절을 기해 기념행사의 하나로 서울 시청 앞 덕수궁 대한문大漢門 간판을 원래의 이름 대안문大安門으로 바꿔 다는 행사를 개최할 것을 정부에 정식으로 제안한다.

제8장

대한민국을 이끌 정치 리더가 가야 할 길

견훤의 길 걷지 말고
왕건의 길을 가라

2025. 11. 1

1. 견훤의 길

견훤(867~936)은 궁예, 왕건과 함께 후삼국을 대표하는 인물 중의 하나다. 그는 영웅적이면서도 비극적인 삶을 살다 갔는데, 한 시대를 풍미한 그가 걸었던 길을 김부식의 『삼국사기』 견훤열전을 중심으로 살펴본다.

농민의 아들로 비범하게 태어나다

김부식은 "견훤은 상주尙州 가은현加恩縣 사람인데 그 아버지 아자개阿慈介가 농사를 지으면서 살다가 뒤에 출세하여 장군이 되었다."라고 말했다. 아자개는 신라 말기 사회 혼란 속에서 신분 상승의 기회를 잡은 것으로서 이는 견훤이 신라의 귀족 가문이 아닌 농민 출신이라는 것을 말해준다.

김부식은 견훤의 유아 시절과 관련된 다음과 같은 일화를 전하고 있다. "견훤이 갓 태어나 강보에 쌓여 있을 때 아버지가 들에 나가 밭갈이를 하자 어머니가 점심을 가져다 드리는데 아이를 숲속에 놓아두었다. 그런데 그때 호랑이가 와서 아이에게 젖을 먹여주었다. 이 말을 들은 마을 사람들은 특이하게 여겼다. 견훤은 성장하면서 체격과 용모가 웅장하고 훤칠하였으며 의지와 기개는 독특하여 평범하지 않았다."

우리는 이 기록을 통해서 견훤이 비록 농민의 아들, 요즘으로 말하면 금수저가 아닌 흑수저로 태어났지만 비범한 자질을 지니고 있었음을 미루어 짐작할 수 있다고 하겠다.

군대에 들어가 용맹을 떨쳐 비장裨將으로 신분이 상승하다

김부식은 "견훤이 군대에 들어가 서울로 가서 서남쪽 해변으로 발령을 받아 그곳의 방위를 담당하게 되었는데 잠 잘 때도 창을 베고 자면서 적과의 싸움에 대비하였으며 그의 용감한 기개는 항상 병사들의 선봉에 서서 싸움으로써 그 공로로 인해 비장裨將이 되었다."라고 하였다.

이 기록을 통해서 평범한 민중 출신이었던 견훤이 군대에 들어가 용감히 싸움으로써 장군으로 신분이 상승하는 계기가 되었음을 알 수 있다. 이 때가 신라의 진성여왕이 재위하던 기간이다.

전주에서 후백제를 건국하여 후삼국의 강자가 되다

견훤은 백제의 부흥을 내세우며 먼저 호남지방을 장악했고 서기 900년 전라도 완산주 지금의 전주를 수도로 삼아 후백제를 건국했다. 북쪽의 고려와 패권 다툼을 벌이며 후삼국 통일을 꿈꾸었다. 국력은 당시 고려와 신라보다도 오히려 강력할 정도였다.

견훤의 잔인한 성격의 일단을 보여주는 사건

견훤의 성격이 어떠하였는지 그 일단을 살필 수 있는 기록이『삼국사기』견훤열전 가운데 다음과 같이 보인다.

"견훤의 부하 공직龔直이 용감하고 지략이 있었는데 장흥長興(후당 명종 연호) 3년(932) 고려 태조 왕건에게 가서 항복했다. 견훤이 공직의 두 아들과 딸 한 명을 잡아다가 불로 지져 다리 힘줄을 끊어 죽였다."

자기의 부하가 왕건에게 항복했다면 부하에게도 잘못이 있지만 부하를 제대로 예우하지 못한 자신의 과오도 있다. 그런데 그 자녀를 데려다가 이렇게 잔인한 방법으로 살해한 것은 견훤의 잔인한 성격의 일단을 보여주는 것이라고 할 수 있다.

포용력이 부족하여 부하와 동료들이 떠나가다

김부식은 "견훤의 부하로 있던 술사術士 종훈宗訓, 의원 훈겸訓謙, 용장 상달尙達, 최필崔弼 등이 고려 태조 왕건에게 와서 항복했다."고 말했다. 이는 비단 그의 부하 공직 뿐 아니라 견훤 휘하의 책사, 의원, 용장 등이 견훤을 떠나서 왕건에게로 갔다는 것을 의미하는데, 견훤이 용맹은 뛰어났지만 사람을 포용하는 아량이 부족했던 것을 짐작할 수 있다.

민심을 잃어버린 결정적 계기가 된 신라 침공

927년 10월 견훤은 신라의 서울로 쳐들어갔다. 이때의 사실을 김부식은 다음과 같이 기록하고 있다. "그때 왕이 자기 부인과 궁녀들을 데리고 포석정에 나가 술을 마시며 즐겁게 놀다가 견훤의 군대가 들이닥치자 어리둥절하여 어찌할 바를 몰랐다. 왕은 부인과 함께 성 남쪽 별궁으로 갔으며 여러 시종하던 관원들과 궁녀, 악공들은 모두 혼란 속에서 병졸들에게 죽임을 당하였다.

견훤이 군사를 풀어 닥치는 대로 약탈하고 사람을 시켜 왕을 붙잡아오게 하여 자기 앞에서 죽였다. 곧바로 궁중으로 들어가서 억지로 왕비를 끌어다가 강간을 하였다. 왕의 존수가 먼 동생 김부金傅로 하여금 왕위를 계승하게 한 뒤에 왕의 아우 효렴孝廉과 재상 영경英景 등을 포로로 붙잡았다.

또 국고에 있는 재물과 귀중한 보물과 병장기를 빼앗고 왕실의 자녀와 전문 기술이 있는 모든 기능공들을 붙잡아서 데리고 갔다."

이 기록을 통해서 본다면 견훤이 신라 왕실을 공격하는 과정에서 행위가 몹시 야만적이었으며 그 잔인한 성격이 여실히 드러났다.

나라를 잘못 다스린 죄가 있는 왕과 그 일당은 붙잡아서 백성의 뜻을 물어 절차에 따라 처단을 하고 나머지 죄가 없는 궁녀나 악공들은 무고한 생명을 손상시키지 않는 것이 포용력 있는 지도자의 자세라 할 것이다. 그런데 견훤은 군대를 이끌고 신라에 쳐들어가서 마치 폭도나 강도처럼 닥치는 대로 사람을 무차별적으로 살해하고 왕비를 강간하고 국고에 있는 재물과 보석을 털어 갔다.

뒷날 왕건은 견훤에게 보낸 편지에서 이 일을 지적하여 "그대의 포악함은 걸, 주보다 더하고 잔인함은 맹수보다 심하다."라고 말했다.

견훤의 이런 만행을 알게 된 신라의 관료와 백성들의 분노는 하늘을 찔렀고 이를 전해 들은 고려의 많은 백성들 또한 견훤은 국가 지도자로서의 자질이 결여되었다는 데 뜻을 같이 했을 것이다.

후삼국 중에 군사력이 가장 강대했던 견훤의 후백제가 성공하지 못하고 결국 고려의 왕건이 최후의 승자가 된 요인은 견훤의 신라 침공 과정에서의 포악함에서 찾을 수 있다고 하겠다.

가족으로부터 배신 당하다

견훤은 용맹이 출중하고 지략은 뛰어났지만 신라 침공 과정에서 보듯이 덕이 부족했다. 따라서 가족 간에도 끈끈한 혈연의 정이 없었던 듯하다. 견훤은 아들이 10여 명 있었는데 그 가운데 넷째 아들인 금강金剛이 체격도 건장하고 지략도 있기 때문에 견훤이 그를 특별히 총애하여 후계자로 삼으려 하였다.

그러한 사실을 간파한 금강의 형제들은 고민에 빠졌다. 이찬伊粲 능환能奐이 주동이 되어 은밀한 음모를 진행했다. 결국 반란을 일으켜 견훤을 금산사 불당에 감금시켰고 사람을 보내 금강을 살해한 다음 맏형인 신검神劍이 왕위에 취임하였다.

금산사에서 3개월 동안 갇혀 지내던 견훤은 사람을 보내 고려의 왕건에게 망명을 요청했고 왕건은 매우 기뻐하며 맞이하여 최고의 예우를 아끼지 않았다.

김부식의 기록에 따르면 "견훤이 나이가 10년이 연상이라고 하여 왕건이 아버지, 스승처럼 받들었다. 남궁南宮에 관사를 마련해 주고 지위는 만조백관의 위에 있었으며 양주楊州를 식읍으로 주었다. 겸하여 금, 비단, 병풍, 침구, 남종, 여종 각각 40명과 궁 중 말 열 필을 하사했다."라고 적혀 있다. 견훤에 대한 왕건의 예우가 얼마나 극진했는지 짐작이 간다.

부자지간에 목숨 건 전쟁을 벌이다

얼마 뒤 견훤의 사위인 영규英規 장군이 왕건에게 귀순하여 왔다. 어느날 견훤이 왕건에게 말했다. "늙은 제가 전하에게 몸을 의탁한 것은 전하의 위력을 빌어 역적 자식놈을 처단하기 위해서입니다. 바라건대 대왕께서 강한 군대를 빌려주시어 난신 적자를 섬멸하게 된다면 죽어도 여한이 없겠습니다."

이 말을 들은 왕건은 군대를 이끌고 신검을 공격하기 위해 나섰고 일리천一利川을 사이에 두고 양국 군대가 접전을 벌였다.

후백제의 창건자이자 신검의 아버지인 견훤을 앞세운 고려의 공격 앞에 신검의 군대는 동요가 일어났을 것이 뻔하다. 아마도 일사불란한 싸움은 불가능했을 것이다.

사기가 떨어진 신검의 후백제군은 고려의 군대를 당할 수 없었고 얼마 안 가서 백제군은 패배하였다. 신검을 위시한 40

여 명의 백제 고위관료와 장수들은 생포되었다. 이로써 견훤이 창건하여 45년 동안 존속했던 후백제는 역사의 뒤안길로 사라지게 되었다.

비참한 최후를 맞이하다

김부식은 견훤의 최후에 대해 다음과 같이 적고 있다. "견훤은 수심과 고민으로 등창이 나서 후백제가 망한 지 수 일만에 황산黃山(현 충남 논산)의 불당에서 죽었다."

견훤은 자식에게 배신당한 것에 격분하여 왕건에게 망명하였고 극진한 예우를 받았지만 마음 한구석은 늘 편치 않았을 것이다. 또한 아버지로서 적국 왕건의 힘을 빌어 배반한 자식을 공격하는데 앞장선 것이 미묘한 감정을 일으켜 희비가 교차했을 것이다. 견훤은 결국 고민을 감당하지 못한 채 화병으로 등창이 나서 가족의 돌봄도 없는 절간 방에서 쓸쓸하게 목숨을 거두었다.

김부식은 『삼국사기』에서 견훤열전을 마무리하면서 다음과 같이 논평하였다. "견훤은 신라의 백성으로 태어나 신라의 녹을 먹으면서 불측한 마음을 품었다. 나라의 위기를 틈타 도성과 고을을 침탈하고 임금과 신하를 도륙하기를 마치 새를 죽이고 풀을 베듯이 하였다. 실로 천하의 원흉이고 백성들의 큰 원수다. 그러므로 제 자식에게서 화를 당하였으니 이는 다 자신이 저지른 잘못이다. 또 누구를 원망하겠는가."

김부식은 견훤의 잔인한 성격과 행위는 민심의 이반을 불러왔고 그의 포용력이 부족한 태도는 자식들의 반란으로 이어졌으며 결국 비참한 최후를 맞을 수 밖에 없었던 사실을 들어 천하의 원흉이라고 혹평에 가까운 평가를 한 것이다.

2. 왕건의 길

고려 태조 왕건(877~943)은 신라 이후 분열된 후삼국을 통일하여 새로운 한반도 통일의 시대를 연 인물이다.『고려사』태조세가를 중심으로 그의 행적을 살펴보기로 한다.

송악松嶽에서 호족 가문의 아들로 태어나다

왕건은 신라 헌강왕 때 송악군, 현재의 북한 개성에서 그 지방의 유력한 세력가인 왕륭王隆의 아들로 태어났다. 왕건의 집안은 당대에 송악 지방의 유력한 상인 겸 해상세력으로서, 해상무역과 군사적 기반을 통해 막강한 영향력을 가지고 있었다. 그러니까 왕건은 금수저나 흙수저가 아닌 은수저로 태어난 셈이었다.

『고려사』 태조세가는 왕건의 유년시절을 다음과 같이 묘사한다.

"총명하고 지혜가 있었다. 용의 얼굴에 일각日角은 튀어나왔고 턱은 모나고 이마는 넓었다. 기상은 깊이가 있고 음성은 웅장하였으며 세상을 건질 만한 도량이 있었다."

이 기록에서 주목되는 부분은 "세상을 건질 만한 도량이 있었다.(有濟世之量)"라는 것이다. 이 점이 특별히 강조된 것을 볼 때 아마도 왕건은 어려서부터 남을 포용하는 도량이 넓은 인물이 아니었던가 생각된다.

궁예의 휘하에 들어가 전공을 세워 두각을 나타내다

왕건이 청년시절 신라는 혼란에 빠져 각처에서 반란군이 일어났다. 견훤은 남쪽 지방 옛 백제 땅에서 반란을 일으켜 나라 이름을 후백제라 하고 궁예는 고구려의 옛 땅 철원에 도읍을 정하고 나라 이름을 후고구려라 하였다.

왕건의 아버지 왕륭은 그때 송악군의 사찬沙粲으로 있었는데 896년 궁예를 찾아가 그의 부하가 되기를 자청했다. 궁예는 매우 기뻐하며 그를 금성金城 태수로 삼았다. 이때 왕건도 아버지의 추천에 의해 궁예의 신하가 되어 송악의 성주에 취임하였는데 왕건의 나이 20세 때였다.

서기 900년 왕건은 광주廣州, 충주, 청주靑州, 3개 주와 당성唐城 지금의 경기도 남양주, 괴양槐壤 지금의 충청도 괴산 등의 군현을 정벌하여 평정하였고 903년엔 수군을 거느리고 서해로부터 광주光州에 이르러 금성군錦城郡 오늘의 나주羅州를 비롯한 10여 개 군, 현을 공격하여 함락시켰다. 그 공로로 벼슬은 아찬阿粲에서 알찬閼粲으로 승진하였다. 913년 궁예는 왕건이 변방에서 세운 전공이 많다 하여 파진찬波珍粲으로 특진시키고 시중侍中을 겸직하도록 한 뒤 중앙정부로 소환하였다.

여러 장군들의 추대를 받아 궁예를 몰아내고 고려의 왕이 되다

궁예는 군대가 점점 강해지고 영토가 더욱 넓어지자 두 가지 증상이 서서히 나타나기 시작했다. 하나는 그의 포악성이고 하나는 부하를 의심하는 병이었다.

이때 궁예는 반역이라는 죄명을 씌워 심지어 하루에 백여 명을 죽이는 사례도 있었다. 그러다 보니 장수나 정승으로서 피해를 당하는 자가 십중팔구였다. 궁예는 항상 스스로 다음과 같이 말했다.

"나는 미륵불의 관심법觀心法을 터득하여 부녀자들의 음행까지도 알아낼 수 있다. 만일 나의 관심법에 걸리는 자가 있으면 곧 엄벌에 처하겠다."

궁예는 3척이나 되는 쇠 방망이를 제조하여 죽이고 싶은 사람이 있으면 그것을 달구어 음부를 찔러 연기가 입과 코로 나오게 하여 죽였다. 이로 인해서 귀족 부녀자들이 모두 벌벌 떨었으며 원망과 분노가 날이 갈수록 심해졌다.

어느 날 궁예는 왕건을 대궐 안으로 급히 불러들였다. 그는 성난 눈으로 한참 동안 왕건을 쏘아보고 있다가 이렇게 말하였다. "그대가 어제 밤에 사람들을 모아서 반란을 일으키려고 한 것은 무엇 때문인가."

왕건이 그럴 리가 없다고 부인하자 궁예는 "그대는 나를 기만하지 말라. 나는 관심觀心을 하기 때문에 그것을 안다. 내가 지금 곧 입정入定을 하여 보고 나서 그 일을 이야기하겠다."라고 하였다. 궁예는 곧 눈을 감고 뒷짐을 지더니 한참 동안 하늘을 향해 고개를 젖히고 있었다. 이때 아마도 궁예는 왕건을 제거하기로 마음먹었던 듯하다. 그러나 왕건은 기지를 발휘해 "제가 모반하였으니 죽을 죄를 지었다."고 거짓 자백하여 위기를 모면했다.

이런 일이 있은 후 왕건은 자기도 무사할 수 없음을 예감했다. 왕건은 918년 여름 6월 홍유洪儒, 배현경裵玄慶, 신숭겸申崇謙, 복지겸卜智謙 네 기병장군(騎將)의 추대를 받아 왕위에 올랐고 국호를 고려라 하였으며 연호를 천수天授로 고쳤다.

건국 초에 인재발탁과 제도개혁에 심혈을 기울이다

고려 건국 초기 왕건이 가장 심혈을 기울였던 것은 인재발탁이 아니었나 생각된다. 그것은 그가 내린 다음의 조서詔書 가운데 잘 반영되어 있다.

"관직을 설치하고 직무를 분장함에는 유능한 인재를 임명하는 길이 있고 풍속을 이롭게 하고 백성을 편안하게 하는 데는 현자를 선발하는 일이 시급하다.

진실로 유능한 인재와 덕이 있는 현자가 관직의 적재적소에 배치된다면 어찌 정치가 문란해질 수 있겠는가. 내가 외람되게 천명을 받아 국가경영의 대업을 담당하게 되었다. 높은 자리에 앉아 안일해서는 안 된다는 점을 돌아보고 무능한 정치가 가져올 가공할 사태를 염려한다.

오직 나는 인재를 제대로 알아보지 못하고 관료들을 살피는 데 실수가 많아서, 현자를 빠뜨리고 등용하지 않았다는 탄식을 일으키게 하고 유능한 인재를 등용하는 도리에 크게 어긋나게 될 것을 우려한다. 자나깨나 간절한 생각은 이것 뿐이다."

조서의 내용은 비록 길지 안지만 왕건은 국가의 관직을 자기의 사유물로 여기지 않고 유능한 인재를 발탁하고 덕이 높은 현자를 선발하여 그들과 함께 국가를 경영하고자 했던 고심이 잘 드러나 있다.

왕건이 집권 후 또 하나 심혈을 기울인 분야는 제도개혁이다. 궁예가 집권할 시기에 신라의 제도는 품계, 관직, 군, 현의 명칭에 이르기까지 모조리 새로 바꾸었는데 여러 해를 시행했지만 백성들은 잘 이해하지 못했고 혼란만 야기시켰다.

왕건은 "제도는 누가 만들었느냐보다 그것이 바르냐 바르지 않으냐가 중요한 판단의 기준이 된다고 생각했다.(乘機革制 正謬是詳)" 따라서 신라의 제도든 궁예의 제도든 바른 것을 취하여 사용하면 된다고 믿었다.

그리고 왕건은 "풍속을 계도하고 백성을 교양 함에는 호령을 반드시 신중히 해야 한다고 여겼다.(導俗訓民 號令必愼)"

모든 제도는 장단점이 있기 마련이다. 또 오랫동안 사용해 오던 제도를 하루아침에 확 바꾸면 백성이 혼란을 초래할 수 있다. 그러므로 한양조선의 개혁가 율곡 이이는 기존의 제도보다 10배의 이익이 있을 때 개혁해야 한다는 점을 강조하였다.

또한 당연히 개혁해야 할 사안이라 하더라도 국가에서 그것을 시행하기 위해 국민들에게 계도함에 있어서는 신중에 신중을 기해야 한다고 왕건은 믿었다.

제도의 개혁이 정부나 정권을 위한 차원이 아니고 국가와 민족을 위한 것이라면 번개 불에 콩 구워 먹듯 서둘러 해치워서는 안되고 국민의 요구와 눈높이에 맞추어 신중에 신중을 기해야 한다는 것이었다.

왕건의 제도개혁은 그 표준을 왕권의 유지나 강화가 아닌 옳으냐 그르냐에 두었고 백성들의 눈높이에 따라 진행했기 때문에 성공을 거둘 수 밖에 없었던 것이다.

포용적 리더십을 발휘하여 민심을 얻는데 주력하다

궁예는 영토가 커지고 군대가 강해지자 신라를 병탄할 뜻을 품었는데 신라를 멸망시켜야 할 나라 즉 멸도滅都라 부르면서 신라로부터 항복해 오는 사람들을 모조리 잡아 죽였다.

견훤은 927년 신라의 서울 경주로 쳐들어가서 신라의 왕을 무참히 살해하고 왕비를 강간하고 궁녀와 왕실 가족, 악공들을 닥치는 대로 살해하였다.

그러나 왕건은 달랐다. 신라를 힘으로 제압하기보다 포용하려고 힘썼다. 931년 왕건은 신라왕의 요청으로 신라의 수도 경주를 방문했다. 그때의 신라 서울 시민들의 반응을 『고려사』는 다음과 같이 적고 있다.

"신라 서울 사람들이 감격하여 울면서 서로 치하하기를 '예전에 견훤이 왔을 때는 승냥이나 호랑이를 만난 것 같았는데 지금 왕공王公께서 오시니 부모를 만나 뵌 것 같다.'라고 하였다.(都人士女 感泣相慶 曰昔甄氏之來 如逢豺虎 今王公之來 如見父母)"

이는 왕건이 궁예나 견훤과 달랐던 모습을 보여주는 중요한 단면이다. 왕건은 "세상을 건질 도량이 있었다."라고 유년시절의 기록에서도 나타난 바와 같이 그는 남을 포용하는 아량이 큰 지도자가 확실하였다.

왕건은 넓은 아량으로 관용과 화해의 포용적 리더십을 발휘하였으므로 신라는 물론 견훤의 장수들도 왕건에게 귀순하여 온 경우가 많았다. 또한 발해국이 거란에 의해 망한 뒤 수많은 발해의 장군들이 군대를 이끌고 고려에 귀순해 왔다.

934년 7월에는 발해국 세자 대광현大光顯이 민중 수만 명을 데리고 와서 귀화하자 그에게 왕계王繼라는 성명을 하사하여 왕씨 족보에 등록시키고 특별히 원보元甫라는 품계를 주어 백주白州 고을을 맡아 다스리게 하였다. 그리고 거기서 발해국 조상들의 제사를 받들게 하고 그의 관료들에게는 작위를, 군사들에게는 토지와 주택을 각각 차등 있게 하사하였다.

귀순해온 발해국 세자 대광현과 그 일행을 극진히 예우한 데서도 왕건의 포용적 리더십은 잘 드러난다. 고려의 왕건이 국력을 강화하여 우뚝 설 수 있었던 것은 그가 넓은 아량으로 포용적 리더십을 발휘하고 힘으로 밀어붙이기보다 덕으로 민심을 얻는데 주력한 결과였던 것이다.

후백제의 견훤과 양강구도를 형성하여 각축전을 벌이다

후삼국 초기에는 견훤의 후백제, 궁예의 후고구려, 신라가 대립각을 이루었으나 시간이 흐르면서 점차 고려 태조 왕건과 후백제 견훤이 양강구도를 형성하여 각축전을 벌였다.

견훤은 892년 무진주, 현재의 전남 광주에서 거병하여 900년 완산주, 현재의 전주에서 후백제를 건국했다. 그는 신라의 농민출신으로 혼란한 통일신라 말기에 백제 땅을 중심으로 거병하여 상당히 막강한 군사력을 확보하였다. 초반에는 왕건과의 전투에서 견훤의 군대가 더욱 우세를 점한 경우가 많았다. 그러나 견훤은 용맹은 뛰어났지만 포용력이 부족했다. 특히 강력한 군사력으로 신라를 멸망시킬 것을 꿈꾸었던 견훤은 927년 신라를 공격하는 과정에서 잔인한 포악성이 여실히 노출되었다. 이때 견훤은 민심으로부터 배척당하고 지도자로서의 자질을 의심받게 된다. 이것이 아마도 양강구도가 깨지고 왕건이 견훤을 물리쳐 최후의 승자가 된 결정적인 계기가 아닐까 여겨진다.

견훤이 아들에게 배신당하여 귀순하다

935년 봄 3월에 견훤의 아들 신검神劍이 반란을 일으켜 자기 아버지를 금산사金山寺에 감금하고 아우 금강金剛을 살해하는 사태가 발생하였다. 이런 급변 사태가 발생하게 된 자초지종을 설명하면, 견훤이 10여 명의 아들을 두었는데 그 중에 금강이 체격이 좋고 지혜가 많으므로 견훤이 특별히 그를 총애하여 자기 자리를 물려주려고 하였다.

그러자 장자인 신검과 형인 양검良劍, 용검龍劍 등이 그러한 사실을 눈치채고 고민에 빠져있었는데 양검과 용검은 외부에 나가서 군무에 종사하였고 신검만이 자기 아버지 곁에 있었다.

이 때 사람을 보내 양검, 용검과 음모를 꾸미고 신검에게 반란을 일으키도록 사주한 것은 이찬伊粲 능환能奐이었다. 즉 반란의 실질적인 주동자는 이찬 능환이었던 것이다.

금산사에 갇혀 있던 견훤은 6월 몰래 절을 빠져나와 나주로 가서 고려 정부에 망명하고 싶다는 뜻을 전달했다. 왕건은 견훤을 맞이하여 상보尙父로 대우하고 남궁南宮을 관사로 지정해 주었다. 그리고 품계는 만조백관의 위에 있게 하고 양주楊州를 식읍으로 주는 동시에 금과 비단을 내려주고 남종과 여종 각각 40명과 말 열 필을 하사했다.

936년 6월 견훤은 못된 자식 신검을 처단할 것을 건의했고 그해 가을 9월 왕건은 전군을 총동원하여 신검의 공격에 나섰다. 신검 군대와 일리천一利川을 사이에 두고 양국의 군대가 진을 쳤는데 왕건이 견훤과 함께 군사를 사열하니 백제의 좌장군 효봉孝奉, 덕술德述, 애술哀述, 명길明吉 등 4명이 견훤이 타고 서 있는 말 앞에 와서 항복하였다. 이에 신검의 군대가 사기가 꺾이어 감히 움직이지 못하였다.

군대는 병력의 숫자보다 사기가 중요한 것이다. 후백제의 창건자 아버지 견훤이 적국 고려에 망명하여 고려군 앞잡이가 되어, 반란을 일으킨 아들 신검을 공격하러 온 상황에서 신검의 백제군대는 사기가 바닥을 칠 수 밖에 없었다.

결국 얼마 안가서 백제군은 대패하였고 신검이 자기 아우 양검과 용검, 문무백관을 데리고 와서 항복하였다. 왕건은 포로로 잡은 3,200명을 전부 풀어주어 제 고향으로 돌려보냈다.

그리고 왕건은 친히 능환을 불러서 다음과 같이 꾸짖었다. "처음에 양검 등과 공모하여 임금인 아버지를 가두고 그 아들을 세운 것은 너의 짓이다. 신하된 사람의 도리가 이래서야 되겠는가."

능환은 고개를 떨구고 아무 말도 하지 못하였다. 왕건은 그 자리에서 능환을 처단하게 하고 양검, 용검은 진주眞州로 귀양 보냈다가 얼마 후에 처형하였다.

신검은 그가 아버지의 자리를 참람하게 차지한 것이 다른 사람의 위협에 의한 것으로서 죄가 두 아우보다는 경미할 뿐더러 또 그가 항복해 온 점을 높이 사서 특별히 처형하지 않고 벼슬을 주었다. 이러한 사태를 지켜본 견훤은 그 심정이 어떠했겠는가. 결국 분노가 치밀어 등창이 나서 며칠 뒤 황산黃山의 절간에서 쓸쓸한 죽음을 맞았다.

신라의 경순왕이 나라를 들어 고려에 바치다

견훤이 왕건에게 망명하던 해인 935년 겨울 10월 신라왕 김부金傅가 고려에 사신을 보내 귀순하고 싶다는 뜻을 알려왔다. 왕건은 이에 동의하였고 11월 신라왕은 백관을 거느리고 경주를 출발하여 개성으로 들어왔다. 왕건은 교외로 나가 그를 영접하였고 태자에게 여러 대신들과 함께 신라왕을 호위하여 유화궁柳花宮으로 모시도록 하였다.

왕건은 정전正殿에 나와 백관을 모아놓고 의례를 갖추어 자신의 맏딸 낙랑공주를 신라왕 김부의 아내로 삼아주었다.

신라왕 김부는 글을 올려 "신라는 국운이 다하여 더 이상 국가를 보존할 희망이 없으니 신하의 예로써 왕건을 섬기겠다."고 하였다. 왕건은 처음에는 허락하지 않았으나 여러 신하들이 "하늘에는 두 개의 태양이 없고 나라에는 두 임금이 있을 수 없는 법이니 신라왕의 요청을 받아들이시라."고 건의하자 허락하였다.

이에 김부를 정승으로 임명하여 그 지위를 태자 이상으로 되게 하였고 1년 녹봉은 1,000석씩 주었으며 신란궁神鸞宮을 새로 지어 거기서 살게 하였다. 그 시종들은 전부 등록하여 토지와 녹봉을 넉넉히 하사했으며 신라국은 폐지하여 경주로 고친 다음 그 지역을 김부에게 주어 식읍으로 삼게 하였다.

경순왕이 이처럼 나라를 들어 귀순함으로 인해서 왕건은 피한 방울 흘리지 않고 1,000년 왕조 신라를 고려에 귀속하게 된 것이다.

후삼국 통일의 위업을 달성하다

견훤이 망명해오고 신라왕 김부가 귀순함으로써 고려의 왕건은 후삼국 통일의 꿈을 이루게 되었다. 신라의 삼국 통일은 당나라 외세를 빌어 통일했다는 점에서 또한 발해 유역 북경 일대에 있던 고구려의 옛 땅을 모두 잃어버렸다는 점에서 반쪽짜리 통일, 미완의 통일이라고 말할 수 있다.

고려의 후삼국 통일은 외세를 빌리지 않고 자력으로 이룩한 자주통일이란 점에서 우리 한민족의 정신사적 자주사적인 면에서 볼 때 그 가치는 높이 평가할만 하다고 하겠다.

고토회복의 꿈을 이루지 못한 채 눈을 감다

"만일 조선, 숙신, 변한의 땅에서 왕 노릇을 하려고 한다면 먼저 송악에 성을 쌓고 나의 맏아들을 성주로 삼는 것이 가장 좋겠습니다.(若欲王朝鮮肅愼卞韓之地 莫如先城松嶽 以吾長子 爲其主)" 이것은 왕건의 아버지 왕륭이 궁예에게 건의한 말이다.

신라 때는 고구려의 고토를 회복하지 못함으로써 발해 유역의 숙신, 조선땅을 모두 잃어버리고 한반도 안으로 그 영역이 축소되어 있었다. 그러나 발해 유역의 중국 땅이 우리의 고토라는 역사 인식은 남아 있었다. 그러므로 왕융이 궁예에게 한반도에 안주하지 말고 고구려 고토회복의 큰 꿈을 가지라는 권고를 한 것이다.

왕건이 나라를 세워 고려라 한 것은 대륙을 누빈 고구려제국의 영광을 계승하겠다는 굳은 의지가 담긴 것이라고 본다. 『고려사』 왕건세가에 의하면 중국 후당의 임금이 왕건에게 보낸 조서 가운데 다음과 같은 기록이 있다. "주몽이 건국한 전통을 계승하여 그곳의 임금으로 되었다. (踵朱蒙啓土之禎 爲彼君長)"

오늘날 중국 공산당의 동북공정은 왕씨 고려는 고씨 고구려와는 아무런 관련이 없으며 고구려는 중국의 지방정권이고 왕씨 고려는 한국 역사라고 주장한다. 그러나 위에서 후당의 임금이 보낸 조서에서 보는 바와 같이 지난날 동북공정 이전의 중국역사 자료는 왕건의 고려는 고주몽의 고구려를 계승했다는 점을 분명히 밝히고 있다.

왕건은 궁예를 몰아내고 새로운 나라를 건국함에 있어 나라 이름을 고려라 하여 고구려제국의 옛 영광을 다시 구현하겠다는 강한 의지를 표현했던 것이다.

다만 왕건은 후삼국 통일의 위업은 달성했지만 고토 회복의 꿈은 이루지 못하고 후인의 숙제로 남겨둔 채 눈을 감았다.

3. 대한민국을 이끌 정치 리더는 견훤의 길 걷지 말고 왕건의 길을 가라

신라 말기의 혼란을 틈타 궁예, 견훤, 왕건 세 영웅이 등장하여 후삼국 시대의 주역이 되었다. 그러나 궁예와 견훤을 제치고 최후의 승자가 된 것은 고려의 왕건이다.

궁예와 견훤은 모두 녹록한 인물이 아니다. 특히 견훤은 농민의 아들로 태어나 뛰어난 군사적 재능과 지도력을 발휘하여 그의 강력한 세력은 한때 왕건을 훨씬 압도하였던 입지전적 인물이다.

그런데 견훤은 자신이 세운 후백제를 스스로 멸망시키고 비극적인 종말을 맞았다. 대한민국을 이끌 최고 권력자는 견훤의 길을 걷지 말고 왕건의 길을 가야 한다.

대한민국을 이끌 정치 리더가 배워야 할 왕건의 리더십

궁예가 세운 후고구려에서 장군으로 활동하던 왕건은 궁예의 포악한 정치에 실망한 궁예의 부하들과 함께 궁예를 폐위하고 918년 고려를 건국했다.

그 후 왕건은 반대파를 관용으로 껴안는 포용적 리더십을 발휘하여 민심을 얻는데 주력했다. 그 결과 신라는 935년 스스로 항복했고 이어서 아들에게 버림받고 제 발로 찾아온 견훤을 앞세워 936년 후백제를 멸망시켰다.

왕건이 후삼국 경쟁에서 최후의 승자가 될 수 있었던 가장 중요한 요인은 무엇인가. 그것은 한마디로 말하면 포용적 리더십이었다. 대한민국의 정치 리더, 최고 권력자가 배워야 할 왕건의 구체적 리더십은 아래와 같이 정리할 수 있다.

1) 투철한 역사의식과 철학

한 나라를 경영하는 지도자에게 있어 무엇보다 중요한 것은 투철한 역사의식과 철학이다. 최근 한국의 대통령들이 청와대 다음 코스가 감옥행이 되고 있는 것은 역사의식의 결여와 철학의 빈곤에서 그 원인을 찾을 수 있다.

고려의 왕건이 역사의식과 철학이 투철한 인물이었다는 것은 943년 그가 67세의 나이로 서거를 앞두고 남긴 훈요십조訓要十條의 제4조에 잘 나타나 있다.

"우리 동방은 예전에 당나라 풍속을 숭상하여 문물과 예악을 모두 그 제도를 준수하여 왔다. 그러나 지역이 다르고 사람의 성품도 각기 같지 않으니 굳이 동일하게 할 필요가 없다."

우리나라는 신라시대에 이르러 중국 당나라를 선진국으로 받들며 우리의 고유한 문화를 버리고 당나라의 문물제도를 그대로 모방하려고 애썼다. 그러나 왕건은 우리나라가 중국과 지역이 다르고 사람의 성품도 같지 않은 점을 들어 그것이 옳지 않다고 여겼다. 그래서 그는 우리는 중국의 흉내를 낼 것이 아니라 우리민족의 고유한 전통을 지켜야 한다고 자손들에게 당부하는 유언을 남겼다. 이런 것을 본다면 왕건은 역사의식과 철학이 투철한 인물이었다고 말할 수 있다.

우리 대한민국은 동아시아의 동단 한반도에 위치한 분단국가이다. 국토 면적은 중국, 러시아, 일본에 비해 초라하기 이를 데 없는 작은 국가이다.

그러나 한국은 역사 문화적으로 보면 중국 황하문명의 시원인 발해 유역의 발해문명을 창조한 문화강국이고 고조선 이후 5천 년 문명사를 자랑하는 역사대국이다.

5,000년 전 한국의 첫 국가 환국桓國의 건국은 만리장성 밖 홍산문화의 발굴이 고고학적으로 그것을 증명하고『사고전서 四庫全書』의 보급으로 인해 발해만 부근에 있었던 고조선의 실체가 문헌적으로 고증된다.

세계 어느 나라에 5,000년 전 건국을 고고 유물과 문헌적으로 모두 증명할 수 있는 나라가 있겠는가. 한국은 5,500년 전 발해만 북쪽에 환국을 건국하여 고조선, 부여, 삼한, 고구려, 백제, 신라, 발해, 가야, 고려, 한양조선을 거쳐서 오늘의 대한민국에 이르렀다는 사실이 객관적인 사료를 통해 입증되고 있다.

그렇다면 대한민국의 지도자는 이러한 국가와 민족과 역사에 대한 확고한 인식을 기반으로 역사적인 긴 안목에서 국내 정책을 입안하고 국제적 대외관계를 수립해야 할 것이다.

왕건이 남긴 훈요십조는 비록 내용은 짧지만 그가 투철한 역사의식과 철학의 소유자였음을 짐작하기에 어렵지 않다. 대한민국의 최고 지도자는 한국이 역사적으로 어떤 나라이며 지금 우리는 어디에 와 서 있는가에 대한 투철한 역사관과 철학을 지닐 때 근시안적이고 편파적인 시야를 넘어 보다 원시안적이고 미래지향적인 국가정책을 수립할 수 있을 것이다.

2) 적을 포용하여 동지로 만드는 아량

견훤은 사실 왕건에게 있어 동지가 아니라 적국의 수괴였다. 927년 지금 대구지방에 있는 공산公山 전투에서 왕건 군과 견훤 군이 맞붙어 큰 싸움을 벌였는데 이때 견훤의 군사가 왕건을 포위하여 사태가 매우 급박해지자 왕건이 가장 총애하는 고려대장 신숭겸申崇謙과 김락金樂이 전력을 다해 싸우다가 전사하였다.

이 싸움에서 왕건의 군대는 대패하였고 왕건은 겨우 도망쳐 목숨만 건졌다. 따라서 견훤은 왕건에게는 그의 목숨을 빼앗길뻔한 적의 수괴였다. 그러나 견훤이 아들에게 배신당하고 찾아왔을 때 그를 아버지처럼 대우하여 자기 사람으로 만들었고 결국 견훤을 앞세워 아들 신검을 공격하여 후백제를 멸망시켰다. 적을 포용하여 동지로 만드는 왕건의 이런 넓은 아량이 그를 후삼국 최후의 승자로 만들었다고 본다.

왕건은 지방 호족들과의 혼인과 다른 성에게 왕씨 성을 하사하는 등의 방법을 통한 자기세력 확대를 꾀했는데 이런 것들도 사실은 알고 보면 반대세력과의 대립과 갈등을 최소화하면서 적을 동지로 만들려는 그의 강한 의지가 반영된 계책이었다고 여긴다.

3) 현자를 선발하고 유능한 인재를 발탁하기 위해 자나깨나 걱정하다

한고조 유방은 "자기가 천하를 얻은 것은 다른 이유가 아니라 용인用人을 잘했기 때문이다.(朕得天下 無他 善用人)"라고 말했다. 지난 역사를 돌이켜보면 역사는 수많은 민중의 지지를 받아서 창조되지만 그 역사를 앞장서 추동시키는 힘은 영웅호걸에 있었다.

아무리 뛰어난 영도자라 하더라도 혼자서 천하를 다스릴 수는 없다. 반드시 덕이 높은 현자를 선발하고(選賢) 유능한 인재를 발탁하여(與能) 적재적소에 배치해야만 성공한다.

다시 말하면 천하의 영웅 호걸들을 널리 찾아 등용하여 그들과 함께 천하를 다스려야만 부강한 나라 안정된 정권을 창출할 수 있는 것이다.

모택동이 천하를 얻은 것은 그와 함께 한 10대 원수가 있었기 때문이다. 장량, 소하, 한신 서한 삼걸三傑이 아니었다면 유방이 천하를 얻는 일은 불가능했다. 당태종이 향년 52세로 짧은 생을 마감했지만 훌륭한 정관貞觀의 정치를 이룩할 수 있었던 것은 그가 출신 성분을 따지지 않고 위징, 방현령, 두여회 같은 당시 최고의 여러 인재들을 발탁했기 때문이다.

진시황이 최초로 중국을 통일하는 위업을 달성했지만 단명한 왕조로 끝난 것은 조고 이사와 같은 간신을 중용했기 때문이다. 윤석열 정부는 인재를 널리 구하지 않고 충암고 인맥만을 활용하여 주변에 세금만 축내는 둔재들로 가득했기 때문에 5년 임기를 채우지 못하고 탄핵된 것이다.

역사상에서 누구보다 인재의 중요성을 절감한 인물은 당태종이다. 당태종은 『정관정요』 논임현편論任賢篇에서 현자 임용의 중요성을 역설했고 제왕의 국가경영을 위한 교재로 편찬한 『제범帝範』에서는 구현편求賢篇을 통해 현자를 구해야 한다는 점을 강조했다.

천하를 얻고 잃는 것과 정권을 지키고 못 지키는 것은 모두 용인用人에 달려 있다고 해도 과언이 아닌데 왜 인재를 얻기가 쉽지 않은 것인가. 여기에는 두 가지 이유가 있다.

첫째는 어리석은 지도자는 국가의 주요관직을 마치 자신의 사유물인 것처럼 생각하여 널리 유능한 인재를 발탁할 생각을 하지 않고 자기 주변의 무능한 둔재들에게 선심 쓰듯이 자리를 나누어 주어 정권을 망치기 때문이다.

둘째는 붕새가 구만리 장천을 날기 위해서는 날개를 접고 남풍이 불기를 기다리듯이 덕이 있는 현자나 유능한 인재는 아무 때나 나서지 않고 조용히 때를 기다리기 때문이다.

『논어』 자한편에는 공자가 제자 자공과 나눈 다음과 같은 대화가 실려 있다. "자공이 말했다. '아름다운 옥이 여기에 있는데 이것을 궤 속에 넣어 감추어 두어야 할까요. 좋은 값을 구하여 팔아야 할까요.' 공자는 대답했다. '팔기는 팔아야지, 하지만 나는 제값을 받고 팔기를 기다리는 사람이다.'"

여기서 아름다운 옥은 현자인 공자를, 팔아야 하는가 감추어둘 것인가는 공자가 벼슬을 하는 것이 좋은가 초야에 묻혀 있는 것이 좋은가를 은유적으로 비유한 것이다. 공자는 옥을 팔기는 팔아야 하지만 헐값에 팔지 않고 제값을 받고 팔기를 기다린다고 대답하였다. 이는 벼슬을 하기는 하되 그것을 얻기 위해 구차하게 비겁한 행동은 하지 않겠다는 뜻이다.

유비가 만일 삼고초려를 하지 않았다면 제갈량이 먼저 유비를 찾아가는 일은 없었을 것이다. 이처럼 덕이 높은 현자나 유능한 인재는 천덕꾸러기처럼 아무데나 찾아가서 나좀 써 달라고 아부하는 것이 아니라 제값을 받고 팔기를 기다는 아름다운 옥과 같은 존재이기 때문에 그래서 인재를 얻기가 쉽지 않은 것이다.

인재를 얻기가 이렇게 쉽지 않기 때문에 서주의 주공周公은 인재를 놓치지 않기 위해 밥 먹다가 토하고 나와서 찾아온 손님을 영접하기를 세 번이나 하였고 목욕을 하다가 중간에 나와서 사람을 만난 것이 세 차례였다.

고려의 왕건은 혼란한 후삼국의 바다를 건너서 통일의 대업을 달성하기 위해서는 반드시 현명하고 유능한 인재가 필요하다는 사실을 절감했다. 그래서 왕건은 918년 고려를 건국한 후 몇일 지나 "유능한 사람을 발탁하여 임명하고(任能) 덕이 있는 현자를 선발하는 일(選賢)"이 중요하다는 점을 강조하는 조서를 내렸다. 그러면서 그는 다음과 같이 말했다. "나의 자나깨나 간절한 생각은 오직 이것 뿐이다."

왕건은 어떻게 하면 인재를 제대로 알아보고 발굴하여 그들과 함께 고려를 반석 위에 올려놓을 것인가를 밤낮으로 고민했다. "임능선현任能選賢" 네 글자 속에는 왕건의 국정철학이 담겨 있고 "자나깨나 간절한 생각은 오직 이것 뿐이다."라는 왕건의 말속에서는 인재를 중요시 여겼던 그의 진심이 묻어난다고 하겠다.

4) 반대세력을 제거하되 희생은 최소화하다

936년 왕건이 견훤을 앞세워 후백제를 공격하자 아버지가 자식을 공격하러 온 것을 본 백제군은 사기가 크게 저하될 수 밖에 없었고 패배를 예감한 신검은 왕건에게 나아가 항복하였다.

이때 만일 견훤이었다면 어떻게 행동했을까. 견훤이 신라의 도성에 쳐들어가 도륙한 것을 본다면 적어도 후백제의 핵심세력 수백 명은 모조리 처단했을 것이다. 그러나 왕건이 후백제를 멸망시킨 다음 공식적으로 처단한 사람은 단지 능환能奐, 양검, 용검 세 사람에 불과했다. 반대세력을 제거하되 희생은 최소화한 것이다

심지어 적국의 수괴인 신검까지도 항복해 온 점을 높이 사서 죽이지 않고 벼슬을 내려주었다. 그리고 포로로 붙잡은 후백제 장병 3,200명은 노예로 삼지 않고 모조리 고향으로 돌려보냈다.

그리고 백제의 서울에 들어가서 명령하기를 "적의 수괴가 이미 항복하였으니 죄 없는 나의 백성들을 건드리지 말라."고 하였다.

이어서 후백제의 장수와 군사들을 위로하고 그들의 재능에 따라 등용하였으며 군령이 엄격하여 백성들의 재산은 추호도 침범하지 않았다. 이에 각 지역이 안도의 한숨을 내쉬며 늙은이 어린이 할 것 없이 모두 만세를 불렀고 진정한 지도자가 나타나 살기 좋은 세상이 된 것을 경축했다.

왕건이 만일 지난날 후백제군에게 당한 앙갚음으로 그들을 적대시하여 수백 명을 처형의 대상으로 삼았다면 민족통합을 이룩하는데 커다란 장애물이 되었을 것이다. 또한 역사는 돌

고 돈다는 순환적 원리에서 볼 때 언젠가는 자신이 그런 입장에 처하게 될 수도 있는 것이었다.

그런 점에서 왕건이 후백제를 멸망시킨 다음 처단한 사람은 단지 반란의 주동자 능환能奐, 양검, 용검 세 사람에 불과함으로써 반대세력을 제거하되 희생은 최소화한 것은 후세의 지도자가 본받아야 할 아름다운 덕목이 아닐 수 없다고 하겠다.

지금 대한민국에서 촛불과 태극기로 분열된 민심을 수습하지 않고 안정된 정권의 유지를 바란다는 것은 마치 나무 위에 올라가서 물고기를 잡으려는 것과 다를 바 없다. 후삼국 시대 못지 않은 대한민국의 혼란과 갈등의 바다를 건너서 국민화합, 민족통일의 새 시대를 열기 위해서는 최고 권력자가 견훤의 전철을 밟지 말고 포용적 리더십을 발휘했던 왕건의 길을 가야할 것이다.

저자 심백강
역사학박사 / 민족문화연구원장

서구에서 엘빈 토플러가 『제3의 물결』을 외칠 때 『제3의 사상－신자유주의와 제3의 길을 넘어서－』를 썼다. 새천년 인류의 새로운 패러다임을 제시한 동양권의 유일한 저작이다.

『퇴계전서』, 『율곡전서』, 『조선왕조실록』 등 한국의 주요 고전들을 번역한 국내 굴지의 한학자이자 동양학자이다. 『이야기로 배우는 동양사상』, 「불교편」, 「유가편」, 「도가편」은 동양사상의 대중화에 크게 기여했다. 한 학자가 유, 불, 도 삼교사상에 두루 정통하여 이를 각각 한권의 책으로 펴낸 것은 한, 중, 일 삼국을 통틀어 보기 드문 일이다.

『사고전서』는 청나라에서 국력을 기울여 편찬한 근 8만권에 달하는 사료의 보고다. 『사고전서』의 사료적 가치를 국내에 처음 소개하여 한국고대사 연구의 새장을 열었다. 최근에 저술된 『한국 상고사 환국』, 『잃어버린 상고사 되찾은 고조선』, 『사고전서에 나타난 발해조선의 역사』, 『사고전서 사료로 본 한사군의 낙랑』, 『교과서에서 배우지 못한 우리역사』는 『사고전서』를 바탕으로 강단사학과 재야사학을 넘어 한국 고대사의 체계를 새롭게 세웠다는 평가를 듣는다. 청와대 대통령실, 중앙공무원교육원 고위정책과정, 교육부 한일역사공동위원회, 경기도 교육청, 충남도청, 장성군청, 거제시청, 인간개발연구원, 동북아역사재단, 한국교원대학교, 한국학중앙연구원, 국정원, 국학원 국민강좌, KBS1TV 아침마당, KBS2TV 등에서 특강을 하였다.

역사에 묻는다
대한민국이 나아갈 길

초판 1쇄 인쇄 2025년 11월 19일
초판 1쇄 발행 2025년 11월 21일

지은이 심백강
발행인 육일
인 쇄 서울컴
펴낸곳 바른역사
편집 고연 | **표지** 고미자
주 소 서울시 서초구 반포대로23길 13, 5층 L104호
전 화 02-6207-2544, 031-771-2546

가격 18,000원
ISBN 979-11-952842-7-6

이 책의 저작권은 저자에게 있습니다.
저자와 출판사의 허락없이 내용의 일부를 인용하거나
발췌하는 것을 금합니다.